# Serpientes en el aula

# *Serpientes en el aula*

EL ENVENENAMIENTO DE LA EDUCACIÓN MODERNA
Y CÓMO LA IGLESIA PUEDE REMEDIARLO

**POR THOMAS KORCOK**

*Serpientes en el aula: El envenenamiento de la educación moderna y cómo la Iglesia puede remediarlo*

Thomas Korcok

© 2024 New Reformation Publications

Publicado por:
1517 Publicaciones
PO Box 54032
Irvine, CA 92619-4032

ISBN (Paperback) 978-1-964419-18-3
ISBN (EBook) 978-1-964419-19-0

Traducido del libro *Serpents in the Classroom: The Poisoning of Modern Education and How the Church Can Cure It*
© 2022 New Reformation Publications. Publicado por 1517 Publishing

Todos los derechos reservados. Ninguna porción de esta publicación puede ser reproducida, almacenada en un sistema de recuperación, o transmitida de ninguna forma ni por ningún medio —ya sea electrónico, mecánico, fotocopias, grabación u otros— sin el previo permiso de la editorial o una licencia que permita copia restringida.

A menos que se indique algo distinto, las citas bíblicas están tomadas de la Nueva Biblia de las Américas™ NBLA™, © 2005 por The Lockman Foundation.

Las citas bíblicas marcadas con RVC están tomadas de la versión Reina Valera Contemporánea ® © Sociedades Bíblicas Unidas, 2009, 2011.

*A Milo, Lydia y Bonnie*
*Para que podamos jugar juntos en el jardín eterno*

# Contenido

Introducción ............................................................................... 9

**Primera parte: Mordidos por la serpiente** ............................ 17

Cómo la teología moldea la pedagogía ...................................... 19
    Los pedagogos del siglo XX: Un caso de serpientes
        con piel de oveja ............................................................. 22
    La Ilustración ..................................................................... 23
    Los humanistas seculares y los marxistas ........................... 26
    Los gnósticos ..................................................................... 37
    Conclusión ........................................................................ 46

El veneno de la educación liberal ............................................. 47
    La acrítica idea del pensamiento crítico ............................. 48
    Gnosticismo y educación ................................................... 52

Atacados donde duele ............................................................... 59
    El rechazo de la verdad dada por revelación ...................... 61
    El rechazo del pecado original .......................................... 65
    El rechazo de las autoridades instituidas por Dios ............. 69
    El rechazo de la catequesis cristiana .................................. 74

Los efectos ................................................................................ 81
    Daño a las personas .......................................................... 81
    Daño a la Iglesia ............................................................... 83
    Daño a la sociedad ............................................................ 84

**Segunda parte: La aplicación del antídoto** ............ 87

La cura de las normas intemporales ............................. 89
    La primera norma: la bondad .................................... 90
    La segunda norma: la belleza .................................... 91
    La tercera norma: la verdad ...................................... 93
    La norma que lo une todo: la unidad ...................... 95
    Uso incorrecto de las normas .................................... 97

Protocolos de tratamiento .................................................. 105
    Contenido y métodos ................................................ 105
    El plan de estudios de la escuela cristiana .............. 108

Una educación clásica en artes liberales:
    La formación de pensadores cristianos .................... 123

Conclusión ............................................................................ 129

Apéndice: Comparación de la educación cristiana clásica
    y la educación liberal ................................................ 133

Notas ...................................................................................... 137

Bibliografía .......................................................................... 157

Índice de textos bíblicos .................................................... 163

Índice de materias .............................................................. 165

«En aquel en quien no está la vida de Cristo,
nunca se han conocido el verdadero Bien ni la Verdad».

—Frankforter, *Theologia Germanica*

# Introducción

«Eso es solo lo que usted opina». Así respondió una insolente niña de 13 años cuando expliqué la perspectiva bíblica del «matrimonio entre personas del mismo sexo». Ocurrió en medio de una charla para una clase de niños de 13-14 años en la que me atreví a afirmar que la nueva definición de matrimonio de la sociedad era contraria a la ley de Dios. A esta niña no le importaba que yo hubiera pasado años estudiando teología, o que hubiera dedicado cuidadosas reflexiones a este tema, o que pudiera citar claras pruebas bíblicas de lo que estaba enseñando. Ella, que apenas sabía lo que decía el sexto mandamiento, no tuvo reparos en decirme que la sagrada y antigua ley de Dios estaba, en realidad, sujeta a la opinión personal. En su opinión, lo que yo enseñaba no era sana doctrina, sino mis propias opiniones, y las suyas eran igualmente válidas.

No era la primera vez que me topaba con esa mentalidad —y desde luego no sería la última—, pero me hizo preguntarme qué le permitía pensar así. ¿Qué hizo posible que esta chica pusiera su opinión personal por encima de la Palabra revelada y rechazara la clara enseñanza de las Escrituras? Una generación antes, esa forma de pensar era completamente extraña, especialmente dentro de la Iglesia. Pero ahora, para esta chica, así como para la mayoría de sus pares, era la posición por defecto.

Años más tarde, había pasado de ser párroco a profesor universitario y estaba impartiendo un curso de educación cristiana a estudiantes de pedagogía. Nos reuníamos en un aula de la Facultad de Educación, y en las paredes había cuadros que destacaban a los principales pensadores educativos del siglo XX, como John Dewey, Maria Montessori y Jean

Piaget. Durante una sesión, me di cuenta de que no tenía suficiente material para la clase, así que anuncié una tarea de trabajo en grupo. Los alumnos tendrían que investigar qué enseñaban, creían y confesaban aquellos pedagogos.

Los resultados me abrieron los ojos. Como estudiante universitario, había aprendido sobre estos pensadores de la educación y, al igual que mis alumnos, se me había hecho creer que todos eran investigadores imparciales cuyas teorías eran teológicamente neutrales y podían (y debían) incorporarse a la educación cristiana sin ningún reparo. Sin embargo, la tarea que improvisé para la clase reveló algo muy distinto. Descubrimos que todos ellos tenían puntos de vista teológicos muy fuertes y veían la educación como un medio para promover esos puntos de vista. Un estudio más profundo de estos y otros educadores influyentes me aclaró por qué la joven de mi clase, años antes, había rechazado tan fácilmente la Palabra de Dios. Su educación —no solo lo que le habían enseñado, sino también la forma en que le habían enseñado a pensar— había moldeado su mente para que rechazara la teología cristiana ortodoxa y aceptara las teologías extrañas de estos pedagogos.

El sistema educativo ha hecho todo lo posible para que parezca que estas teorías se basan en investigaciones fiables, científicas e imparciales. La agenda teológica subyacente no se ve fácilmente. Sin embargo, si se observa detrás de la retórica, se ve rápidamente cómo estas teologías extrañas han moldeado todo, desde los métodos de enseñanza hasta las decisiones curriculares. En las facultades de educación, tanto seculares como cristianas, se enseña a los estudiantes de pedagogía a no dirigirse a los niños como «niños y niñas», sino como «amigos». Se desaconseja el uso de bolígrafos rojos para calificar los trabajos. Se prohíben los juegos que eliminan participantes. Los profesores deben ser guías de aprendizaje en lugar de expertos en la materia. Se desaconseja la educación basada en contenidos. Los resultados del aprendizaje enfatizan la realización individual. Los métodos de enseñanza se basan en el dogma de los estilos de aprendizaje individuales. Aunque sus defensores afirmarán que todo esto está «basado en investigaciones» —una afirmación diseñada para protegerlos de las críticas—, todas son, en un grado u otro, expresiones de las creencias teológicas de influyentes pedagogos. Pocos maestros (y, sospecho, profesores de educación) tienen la suficiente instrucción teológica como para reconocer estas creencias. Esto supone un peligro para el educador cristiano que, ignorante de los fundamentos teológicos de estos métodos de enseñanza, no puede juzgar correctamente si son capaces de formar y nutrir adecuadamente las mentes cristianas jóvenes.

Es esperable encontrar filosofías contrarias a la confesión cristiana en las escuelas seculares; pero ¿cómo logran arraigarse dentro de las escuelas de la Iglesia? El hecho de depender de las licencias estatales para los profesores, la aceptación de subvención gubernamental para los programas universitarios, el deseo de atraer a más estudiantes y la falta general de investigación cristiana han creado un entorno en el que las facultades cristianas de educación han incorporado muchas de estas teorías y métodos en forma acrítica sin pensar demasiado en sus ramificaciones teológicas.

La Iglesia no solo ha abierto involuntariamente la puerta a estas teologías ajenas, sino que también ha abandonado su propio y rico patrimonio educativo. Aunque rara vez se reconoce, lo cierto es que la Iglesia tiene algunos de los más grandes pensadores educativos de todos los tiempos, quienes a través de los siglos desarrollaron un enfoque de la educación que promovía una teología sólida y formaba cristianos rectos. Para comprender hasta qué punto la teología y la educación están estrechamente relacionadas, basta con mirar a la multitud de gigantes teológicos que escribieron sobre la educación con conocimiento y pasión. Agustín de Hipona, Rabano Mauro, Tomás de Aquino, Desiderio Erasmo, Martín Lutero, Philipp Melanchthon y Juan Calvino, por nombrar solo algunos, reconocieron que una educación basada en la teología cristiana ortodoxa creaba un terreno fértil para que el pensamiento cristiano floreciera en las mentes de los estudiantes. En pos de este objetivo, la Iglesia desarrolló su propio modelo educativo —teológicamente sano y académicamente superior a todo lo que los pedagogos contemporáneos pueden ofrecer— y desarrolló el pensamiento cristiano en las mentes de sus jóvenes.

Este libro es un llamado a que los educadores cristianos abandonen las empobrecidas pedagogías del mundo y recuperen el rico patrimonio educativo que formó parte viva de las escuelas de la Iglesia hasta un pasado reciente. Una premisa básica de este libro es que toda teoría educativa tiene un sesgo teológico, por lo que es importante dejar claro que lo escribo como alguien que suscribe las confesiones de la Iglesia evangélica luterana, según las cuales la Escritura, como revelación infalible del Dios Trino, es la fuerza normativa tanto para la teología como para la pedagogía. Disciplinas académicas como la filosofía, la psicología o la sociología informarán naturalmente la filosofía educativa de la Iglesia, pero la Escritura debe seguir siendo el árbitro final en cuestiones como la verdad, la bondad, la belleza y la naturaleza del hombre y su relación con los demás. Esta suscripción confesional significa también que poseo el hábito luterano crónico de mirar todo a través de la lente de la ley y el evangelio. La ley, en las Escrituras, es todo lo que habla de nuestro pecado y de la ira de Dios. El evangelio es todo lo que señala y ofrece el perdón y la gracia en Cristo. Distinguir correctamente estas dos doctrinas no solo es la clave para comprender adecuadamente las Escrituras y desentrañar la verdad salvadora del evangelio, sino que es crucial para determinar la naturaleza de la educación y el papel que ocupa en la misión de la Iglesia.

Este no es un libro puramente académico. Está escrito desde la perspectiva de un profesor universitario que ha enseñado a estudiantes que se preparan para enseñar en escuelas cristianas, un pastor que pasó años catequizando mentes jóvenes, un maestro de escuela que luchó por desarrollar un plan de estudios que fuera apropiado para una escuela cristiana, y un padre cuyos hijos han lidiado con las cuestiones planteadas en este libro. Está escrito para cualquier educador cristiano de mentalidad confesional que haya percibido que las teorías educativas supuestamente imparciales y teológicamente neutrales no son tal cosa en absoluto. Sospecho que más de un profesor encaja en esta categoría. Se trata de cristianos buenos y piadosos que toman su confesión en serio y perciben que algo no anda del todo bien en la forma de educar que se les enseñó. De manera intuitiva, perciben que la constante puerta giratoria de las teorías pedagógicas y los planes de estudio aprobados por el gobierno no están a la altura de lo que quieren conseguir como profesores cristianos. Saben que no basta con tener una clase de religión, un solo servicio semanal en la capilla y un plan de estudios que simplemente evite el material moralmente ofensivo. De manera instintiva, estos profesores saben que la educación cristiana necesita un enfoque de la enseñanza que sea radicalmente diferente y a la vez el mismo de siempre: radicalmente diferente, porque busca deliberada e intencionadamente formar mentes jóvenes que se aferren a las confesiones de la Iglesia y miren a Dios con fe y a su prójimo con amor$_1$; y el mismo de siempre, porque continúa las grandes tradiciones de la educación cristiana desarrolladas a lo largo de dos milenios.

Pese a que este libro criticará, a veces duramente, las teorías y métodos de la educación estadounidense, no debe tomarse como una acusación contra los profesores. No pienso con dureza de los profesores cristianos que trabajan bajo estas teorías. A ellos les enseñaron lo mismo que a mí, y probablemente yo aún apoyaría esas teorías si no fuera por sucesos aparentemente fortuitos como los que he descrito. Así que, especialmente a los profesores, les hago una cordial invitación a unirse a mí en un viaje que explorará las implicaciones teológicas de la teoría educativa contemporánea, y a probar algunas alternativas con la promesa de que el enfoque pedagógico realmente preparará a los estudiantes para pensar como cristianos.

Primera parte

# Mordidos por la serpiente

# Cómo la teología moldea la pedagogía

Actualmente, en las facultades de pedagogía de todo el país, casi todos los futuros profesores aprenden de un canon estándar de pensadores de la educación cuya obra constituye la base de los objetivos, métodos y estructura del aula estadounidense moderna. Cuando estos pedagogos son presentados a los estudiantes, rara vez o nunca se tiene en cuenta lo que creían o confesaban en su vida personal. Esto se distingue radicalmente de la manera en que la Iglesia midió tradicionalmente a los profesores. Hasta el siglo XX, la teología siempre fue la vara con que se medía a todas las demás áreas del conocimiento. Esto fue especialmente cierto para la educación. La confesión de fe de un profesor siempre se consideró el primer criterio para juzgar si su enseñanza era aceptable o no. En el siglo XVI, el influyente educador luterano Valentin Trotzendorf insistió: «Que quienes pertenezcan a nuestra escuela sean también miembros de nuestra Iglesia y estén de acuerdo con nuestra fe, que es la más segura y verdadera; porque, por un solo impío en todo el cuerpo, podría ocurrir algo malo»[1]. Hoy, sin embargo, se nos dice que lo que los profesores creen y confiesan tiene poco o nada que ver con los métodos que propugnan. Según este principio, la educación puede estructurarse puramente de acuerdo con las teorías y principios científicos de un investigador, sin que importe mayormente lo que cree y confiesa.

Este enfoque es un legado de los siglos XIX y XX, que presentaron como el modelo ideal la imagen del científico desapasionado vestido con bata de laboratorio blanca: alguien que llevaba a cabo la investigación sin tener en cuenta los prejuicios personales ni las opiniones teológicas.

Se parte del supuesto de que la investigación, incluida la educativa, es exclusivamente una cuestión de descubrimiento científico, de estudiar todo en forma «ateológica»; como si la confesión personal de un científico no influyera en lo que observa o enseña. Pero ¿es realmente posible que un científico actúe de este modo? Yo sostengo que no. En un grado u otro, las creencias personales de un investigador afectarán a su investigación, tiñendo las observaciones y dando forma a las conclusiones. Por ejemplo, si un científico se niega a creer que el diluvio ocurrió tal como se describe en Génesis 6–9, no tendrá en cuenta los efectos de ese diluvio en la naturaleza, la geografía o el desarrollo de la civilización[2].

Si esto es cierto para las llamadas «ciencias naturales», sin duda lo es también para la psicología y la sociología. En estas ciencias del comportamiento, la investigación siempre estará influida por lo que el investigador cree, enseña y confiesa. Muy a menudo, la justificación de las últimas modas educativas empieza con la consabida frase «La investigación ha demostrado...». Estas palabras tienden a silenciar el debate y son consideradas normativas por la comunidad educativa, lo cual implica que no puede haber lugar para la crítica teológica. Esta educación normativa «basada en la investigación» ha dominado la formación del profesorado durante casi un siglo. A lo largo de ese tiempo, se han realizado innumerables estudios comparativos de métodos pedagógicos concretos. El mundo educativo está inundado de pedagogías de moda, cada una de las cuales promete aumentar el aprendizaje de los alumnos o interesarlos más. El aprendizaje basado en proyectos, el Daily 5 y el estudio con firmeza de carácter (Grit) son solo algunos ejemplos. La Mentalidad de Crecimiento promete alterar la voz interna de los niños utilizando el pensamiento positivo y avalando el lenguaje y las acciones. Para esto último, un sitio web aboga por que los profesores hagan participar a los alumnos en «Growga», un ejercicio que combina el yoga con la afirmación positiva[3]. El movimiento ha generado toda una industria de consultores, defensores y proveedores de recursos. Alentados por edúcratas profesionales, los profesores pueden adquirir experiencia en este campo a través de cursos de desarrollo profesional acompañados de manuales didácticos, carteles, videos, libros, gráficos, diarios, calendarios, camisetas, tazones y copas.

Uno supondría que, con toda esta investigación (y los miles de millones de dólares que la han financiado), la educación habría hecho enormes progresos y los estudiantes serían más inteligentes que nunca. Tras un siglo de investigación sobre los entornos educativos óptimos y los métodos de enseñanza ideales, el sistema educativo debería ser indudablemente capaz de mostrar alguna mejora apreciable. Los estudiantes actuales, beneficiarios de tan prodigiosa investigación, deberían ser mejores lectores, tener un discurso más reflexivo, deliberar de manera más sabia y perseguir más resueltamente la vida virtuosa. Sin embargo, teniendo en cuenta la vulgaridad que impregna la cultura popular y el nivel del discurso cívico y político exhibido en las elecciones recientes, sería difícil defender que el dinero invertido en financiar toda esta investigación educativa ha sido bien gastado.

¿Por qué, entonces, ha fracasado este enfoque? Quizás porque nunca nos hemos planteado la pregunta fundamental: «¿Qué enseña, cree y confiesa el investigador?». En respuesta al argumento «La investigación ha demostrado...», yo diría que, muy a menudo, la investigación revela más sobre el investigador que sobre el tema. De hecho, las creencias personales de un investigador en materias como la naturaleza del hombre, la naturaleza de Dios, la realidad del pecado, nuestra forma de conocer la verdad, etc., influyen en su forma de enfocar la educación. Por ejemplo, si rechazo la idea de que los niños nacen como personas pecadoras, buscaré alguna otra explicación para justificar su mal comportamiento. Probablemente me inclinaré por negar la culpabilidad del niño y atribuirla a la familia, la sociedad o la religión. O, si creo que Dios no es el autor de la verdad, la bondad y la belleza, buscaré la fuente en otra parte. Podría inclinarme a creer que los niños construyen su propia verdad, haciendo que mi investigación gire en torno a demostrar esa creencia.

La cuestión es esta: lo que los filósofos de la educación creen y confiesan no solamente dicta las preguntas que formulan, sino también las respuestas a las que llegan. Pese a lo fundamental que esto es, en los círculos educativos rara vez, o nunca, se tienen en cuenta las creencias de los pensadores de la educación. A los futuros profesores se les exponen las teorías de estos pedagogos y se les muestra cómo aplicarlas, pero nunca se los obliga a enfrentarse a los orígenes de esas teorías. Se les entrega el «qué», pero no el «por qué».

Demostraré que las creencias y las prácticas están inextricablemente unidas, y demostraré que un modelo educativo no puede utilizarse acríticamente sin importar el sistema de creencias sobre el cual está construido. Esto no implica que todo lo que estos pedagogos observaron o sugirieron haya sido erróneo o deba rechazarse. A menudo pueden encontrarse métodos similares sugeridos por pedagogos cristianos aprobados. Sin embargo, sin conocer los prejuicios teológicos de estos filósofos de la educación, ningún profesor puede distinguir correctamente entre lo que es útil y lo que es perjudicial.

## Los pedagogos del siglo XX:
## Un caso de serpientes con piel de oveja

En la comunidad educativa estadounidense, se acepta ampliamente que la teología cristiana debería tener poco que decir sobre los métodos educativos. En algunos casos, los educadores cristianos pueden incluir contenidos cristianos, pero las teorías y los métodos pedagógicos básicos suelen tomarse de lo que es práctica corriente en la educación gestionada por el gobierno. También se acepta de forma generalizada que, en primer lugar, los profesores deben considerar la psicología del niño y del adolescente como la fuerza motriz de toda pedagogía. Estos principios son relativamente nuevos en el campo de la educación y fueron impuestos a finales del siglo XIX y principios del XX por quienes deseaban impedir que la Iglesia ejerciera su misión histórica de enseñar a los niños. El resultado ha sido un cambio completo de paradigma. La Iglesia, con sus dos mil años de experiencia educativa, produjo algunos de los pensadores educativos más perdurables y perspicaces de todos los tiempos. Sin embargo, ahora ha sido despojada de toda influencia sobre la pedagogía, mientras que el jovencísimo (y relativamente inexperto) campo de las ciencias sociales goza de total autonomía para ocupar su lugar como motor de los métodos pedagógicos actuales.

Este cambio fue impulsado en parte por la revolución científica, que vio en la ciencia la clave del futuro del hombre. Anteriormente, la verdad, la bondad y la belleza eran los puntos centrales de la pedagogía de la Iglesia, los grandes estándares por los que debían esforzarse todos los alumnos. En contraste con los estándares actuales establecidos por los educadores gubernamentales —cosas como las puntuaciones de los exámenes o los nebulosos resultados del aprendizaje—, aquellos se consideraban trascendentes y eternos, aspectos de Dios que se manifestaban independientemente del tiempo y la cultura. Si los alumnos querían apreciar plenamente la obra de Dios, también debían comprender la verdad, la bondad y la belleza. Volveremos a estas normas con más detalle más adelante. Impulsados por la apoteosis de la ciencia, los educadores fueron abandonando poco a poco la enseñanza de estas normas en favor de un enfoque empírico del conocimiento, que reflejaba la creencia de que la ciencia era la única forma fiable de entender el mundo.

Desde los días del gran educador y teólogo Agustín de Hipona (354-430 d. C.) hasta principios del siglo XIX, se reconoció que la educación era la misión de la Iglesia. La educación consistía en comprender la verdad, y para la Iglesia, la verdad era trascendente; es decir, no procedía del interior del individuo, sino de Cristo, que afirmaba ser «la verdad hecha carne». En su obra «Sobre la doctrina cristiana», Agustín dijo, de manera célebre:

> Que todo buen y verdadero cristiano comprenda que, dondequiera que se encuentre la verdad, esta pertenece a su Maestro; y que, al reconocer y admitir la verdad, aun en su literatura religiosa, rechace las invenciones de la superstición, y se aflija y evite a los hombres que, habiendo conocido a Dios, no lo glorificaron como a Dios, ni le dieron gracias, sino que se envanecieron en sus imaginaciones, y su necio corazón fue entenebrecido[4].

Durante siglos, la Iglesia confió la tarea de la enseñanza a pedagogos cristianos sanos que reconocían a Cristo como el autor de toda verdad. En el siglo XVI, los reformadores reconocieron que, para comprender la teología evangélica, la mente de un niño debía recibir una formación complementaria. Aunque los cambios introducidos en la educación fueron drásticos y sentaron las bases de la educación pública moderna, se mantuvo una unión indiscutible entre la Iglesia y la escuela. Al hablar de la reforma universitaria, Lutero afirmó este principio:

> No aconsejo a nadie enviar a su hijo a un lugar donde las Sagradas Escrituras no sean supremas. Toda institución que no persigue incesantemente el estudio de la Palabra de Dios se corrompe [...]. Mucho me temo que las universidades, a menos que enseñen las Sagradas Escrituras con diligencia y las impregnen en los jóvenes estudiantes, son amplias puertas hacia el infierno[5].

## La Ilustración

La Ilustración empezó a socavar el vínculo entre la Iglesia y la educación. En el siglo XIX hubo educadores que creían que este vínculo era perjudicial para una educación adecuada. El famoso reformador educativo Johann Pestalozzi (1746-1827) sostuvo que los niños no debían buscar la doctrina correcta en la Iglesia, sino en sí mismos. Dijo: «Cree, oh hombre, en ti mismo; cree en el sentido íntimo de tu ser. Entonces creerás en Dios y en la inmortalidad». Según Pestalozzi, la enseñanza catequética tradicional impartida por el pastor obstaculizaba el sano desarrollo espiritual. Argumentó: «Sin duda, el mejor catecismo es el que los niños entienden sin su pastor»[6].

Friedrich Froebel (1782-1852) fue un paso más allá. Creía que la doctrina cristiana corrompía a los niños, por lo que era necesario apartarlos de la influencia de la Iglesia y de sus padres a una edad temprana, antes de que se «infectaran» con una concepción malsana de Dios. Hasta la época de Froebel, los niños solían matricularse en la escuela a los siete años. Froebel quería que empezaran antes, a fin de poder ser formados adecuadamente por maestros «aprobados» en una nueva «religión mundial» que les permitiera elevarse por encima de las fronteras confesionales y ver que todas las religiones eran iguales. Afirmó: «La educación guía al hombre a comprenderse a sí mismo, a estar en paz con la Naturaleza y a estar unido con Dios»[7]. El nombre que le dio a este nuevo programa de adoctrinamiento para la primera infancia fue Kindergarten. El concepto fue rechazado por sus compatriotas en Alemania, pero unos años más tarde sería calurosamente acogido en América. Liberada de los principios rectores de la doctrina cristiana, la educación podría ahora ser moldeada de acuerdo con cualquier número de cosmovisiones y visiones teológicas.

La cosmovisión dominante entre los pedagogos del siglo XX abrazaba la evolución; no solo la evolución de las especies, sino también la evolución social, en la que el hombre y la sociedad progresaban hacia un mundo perfecto. Pese a que hoy asociamos la evolución con Charles Darwin, a finales del siglo XIX los escritos de Herbert Spencer (1820-1903) fueron quizás más influyentes. Aunque actualmente Spencer es relativamente desconocido, en la segunda mitad del siglo XIX fue uno de los filósofos más analizados. Antes de que Darwin escribiera *El origen de las especies*, Spencer escribió sobre la evolución social y acuñó la conocida frase «la supervivencia del más apto». Según Spencer, la perfección social no solo era posible, sino inevitable. Para demostrarlo, combinó los conceptos evolutivos con el nuevo campo científico de la psicología a fin de demostrar que la humanidad progresaba o evolucionaba hacia una cultura superior, y que este progreso evolutivo podía observarse y dirigirse mediante la experimentación científica. Spencer desarrolló un modelo de educación que se centraba en el niño y se guiaba por la nueva ciencia de la psicología en conjunto con sus puntos de vista evolucionistas. El resultado fue la sustitución de la teología por la psicología como patrón de medida de todas las prácticas educativas. Según esta nueva medida, la educación del pasado, que se había preocupado principalmente de enseñar la verdad y la sabiduría, y que para Spencer era irrelevante en vista de los grandes avances que el hombre había hecho en los tiempos modernos, fue considerada como perversa porque «la mayoría de las veces, a través de métodos patentemente bárbaros, forzaba información irrelevante en las mentes de niños reacios»[8]. Spencer creía que «en la educación, el proceso de autodesarrollo debe fomentarse al máximo. Los niños deben ser conducidos a hacer sus propias investigaciones y a sacar sus propias conclusiones. Se les debe decir lo menos posible, y deben ser inducidos a descubrir lo más posible»[9].

Reflexionando sobre su visión de la evolución social, dice: «La humanidad ha progresado únicamente mediante la autoinstrucción; y el hecho de que cada mente debe progresar un poco de la misma manera para alcanzar los mejores resultados queda continuamente demostrado por el marcado éxito de las personas que han llegado a ser lo que son por sus propios esfuerzos»[10]. Las ideas de Spencer, Pestalozzi y Froebel inspirarían a muchos de los pedagogos del siglo XX. La Iglesia, con su larga historia de pensamiento y métodos educativos perfeccionados a lo largo de más de un milenio y medio, fue descartada. La psicología era ahora la reina, y la teoría evolucionista, con su esperanza de perfección a través de un progreso continuo, fue presentada como la nueva salvadora de la humanidad.

El rechazo de la revelación como base de la verdad, la psicologización de la educación y la creencia en la evolución social ejercieron una influencia decisiva en los pedagogos que hoy dominan las facultades de pedagogía. En lugar de tratar de explorar cada uno de los pedagogos o escuelas de pensamiento influyentes que se utilizan en los programas de formación del profesorado, este libro se centrará en cuatro de los pedagogos más estudiados: John Dewey, a veces llamado el padre de la educación progresista; Lev Vygotsky, conocido por sus teorías del constructivismo social; Maria Montessori, considerada pionera de la educación infantil; y Jean Piaget, psicólogo conocido por sus etapas del desarrollo cognitivo. Este libro no presentará una crítica en profundidad de sus teorías educativas, sino que desarrollará sus puntos de vista teológicos, incluyendo el humanismo secular y el marxismo (Dewey y Vygotsky) y el gnosticismo (Montessori y Piaget). Se podría argumentar que las teorías de Dewey y Piaget ya no son aplicables y que la mayoría de los pensadores educativos actuales solamente las valoran por su importancia histórica. Esta perspectiva tiene cierta validez, pero yo diría que las premisas teológicas sobre las que se construyeron sus ideas pedagógicas siguen vigentes. Una lectura atenta de todas estas figuras destacadas revela que abordaron su tarea con firmes convicciones sobre la teología, la ciencia, la psicología y la evolución. Eran «creyentes verdaderos» en lo que respecta a sus convicciones personales, y se esforzaron por utilizar la educación para promover sus creencias —objetivo que no intentaron ocultar—. Aunque la comunidad educativa presenta a estos pensadores como desprovistos de teología, tal cosa, en realidad, no existe. Todo el mundo tiene una teología, aunque esta consista en negar la existencia de lo divino. La comunidad educativa puede optar por ignorar los puntos de vista teológicos que dieron forma a su pedagogía, pero no así el cristiano. Sin una sana doctrina cristiana, uno no carece de teología, sino que está simplemente a merced de teologías inventadas por seres humanos limitados y pecadores.

## Los humanistas seculares y los marxistas

### John Dewey (1859-1952)

John Dewey es ampliamente reconocido como uno de los pensadores más influyentes de la educación estadounidense. Generadas en la primera mitad del siglo XX, las ideas de Dewey sentaron las bases de gran parte de la teoría educativa actual. Filósofo de profesión, Dewey ha sido llamado «el filósofo de la evolución» por su trabajo en la aplicación del pensamiento evolutivo social a la filosofía moderna. Su objetivo era integrar el humanismo secular en la psique norteamericana y, en gran medida, lo consiguió.

Dewey, junto con otros treinta y tres intelectuales estadounidenses, firmó un documento histórico llamado *El manifiesto humanista* (1933), en el que se pedía una revisión completa de las instituciones estadounidenses. Desde la perspectiva de los firmantes, el siglo XX marcaba el comienzo de una nueva era de progreso hacia la armonía universal. Declararon que «la mayor comprensión del universo por parte del hombre, así como sus logros científicos y su mayor aprecio por la fraternidad» habían dejado obsoletas e irrelevantes a las antiguas religiones (principalmente el cristianismo). Reclamaban una nueva «religión» que no estuviera basada en la creencia en un Dios sobrenatural que revelaba sabiduría al hombre (a través de las Sagradas Escrituras), sino que permitiera la liberación de los poderes intelectuales del hombre para descubrir las soluciones a los problemas del mundo. El manifiesto llamó a sustituir el capitalismo por un nuevo orden mundial socialista que fuera una «sociedad libre y universal en la que las personas cooperan de manera voluntaria e inteligente por el bien común». Todo el documento se sustentaba en la doctrina de la evolución social. Declaraba que «el hombre es parte de la naturaleza y que ha surgido como resultado de un proceso continuo»[11]. Es muy lamentable que pocos estudiantes de educación hayan visto u oído hablar del *Manifiesto humanista* porque muchas de las ideas que expone son también fundamentales para el modelo educativo de Dewey: la educación progresista.

Aunque el término «educación progresista» no se utiliza a menudo en los cursos educativos contemporáneos, muchos de los conceptos que forman la base de los métodos utilizados en las aulas estadounidenses se originan en ella. El modelo se basa en muchas de las ideas anteriormente promulgadas por personas como Pestalozzi y Froebel, y se entiende mejor en el contexto de una visión romántica de la infancia que fue común entre los intelectuales de fines del siglo XIX, la cual consideraba que los niños sentían una curiosidad natural por todas las cosas. Una educación ideal, por tanto, debía permitirles aprender de forma natural según sus propias curiosidades. Una analogía popular de la época era que los niños eran como flores que, plantadas en buena tierra, se convertían naturalmente en adultos buenos, fuertes y saludables[12].

La educación progresista hace hincapié en que 1) los niños aprenden mejor a través de la actividad práctica, 2) se les debe permitir descubrir lo que más les interesa y 3) la educación debería estar orientada a equipar a los niños para la experiencia de la «vida real». Dewey afirma: «La educación, por tanto, es un proceso de vida, y no una preparación para la vida futura»[13].

Este modelo eleva el proceso de enseñanza colocándolo por encima de la calidad del material enseñado. Según Dewey, la verdadera educación no se consigue exponiendo a los niños a las grandes obras de la civilización de todos los tiempos (música, arte, literatura, etc.), sino «mediante la estimulación de las facultades del niño a través de las exigencias de la situación social en la que se encuentra»[14]. Así pues, los profesores tienen la responsabilidad de observar detenidamente a los niños, tomar nota de sus necesidades y, a continuación, elaborar un plan de estudios orientado a satisfacer esas necesidades. No se trataba simplemente de mejorar los niveles educativos o el rendimiento en el aula. Aunque a través de los siglos los educadores siempre han reconocido la importancia de estos conceptos, Dewey los consagró como las medidas más importantes —su regla de fe— para una buena educación.

Una vez más, no se trataba simplemente de mejorar los niveles educativos o el rendimiento en las aulas. La educación progresista fue una expresión de las creencias de Dewey y un vehículo para reformar la sociedad de acuerdo con su confesión de fe particular. En 1897 escribió *Mi credo pedagógico*. Este «credo» se divide en cuatro artículos y contiene setenta y tres declaraciones de creencia, cada una de las cuales empieza con «Creo...». Para Dewey, este credo era tan fundacional para la educación progresista como lo es el credo de los Apóstoles para la Iglesia cristiana; y sin embargo, al igual que el *Manifiesto humanista*, pocos estudiantes de educación —o ninguno— conocen su existencia.

*Mi credo pedagógico* aboga por el rechazo de toda creencia en un Dios personal para dar lugar a una comprensión «lógica» y «científica» del mundo. Según Dewey, el mundo se encuentra en un gran camino evolutivo hacia la iluminación. La religión tradicional, con sus compromisos doctrinales y su confianza en la providencia de un Dios todopoderoso, no solo estaba pasada de moda, sino que era un obstáculo para el progreso futuro del mundo. Para Dewey, el cristianismo era antiestadounidense y antidemocrático, calificándolo de «aristocracia espiritual». Esta «aristocracia» surgía de lo que él veía como un elitismo incrustado en la división que el cristianismo establece entre «salvados» y «condenados», así como su insistencia en la enseñanza correcta y su voluntad de identificar a los falsos maestros[15]. Según la confesión de Dewey, el cristianismo impedía la realización de la fraternidad universal del hombre y un mundo perfeccionado libre de conflictos. Escribió que la religión cristiana «se ha insensibilizado como una esclavitud del pensamiento y el sentimiento, como la superioridad intolerante de unos pocos y como una carga intolerable para la mayoría»[16]. Dewey también pensaba que era imposible que un hombre educado moderno creyera en el cristianismo histórico pues este había sido completa y rotundamente desacreditado por la ciencia moderna de la evolución. El cristianismo había sido irremediablemente relegado a los basureros de la historia porque, como decía Dewey, «la religión se ha perdido en cultos, dogmas y mitos»[17].

Aunque Dewey se declaraba ateo, seguía viendo el valor de un sentimiento religioso, que para él se distinguía completamente de las religiones históricas, con sus rituales y doctrinas pasados de moda. Lo que la sociedad necesitaba era demoler el mohoso y envejecido templo de la religión, y en su lugar, construir uno nuevo: uno basado en el individuo y en su propia comprensión de lo que era y no era religioso. Uno tenía que elegir su propio impulso religioso, siempre y cuando este no lo dirigiera hacia el cristianismo, con sus doctrinas, rituales y condena de la falsa doctrina, que lo marcaba como alejado de la verdadera religión. Dewey sostenía que las religiones establecidas —con lo cual casi siempre se refería a la religión cristiana— hacían difícil ser religioso porque habían surgido del miedo del hombre primitivo a lo desconocido. Dewey sostenía que, gracias a los avances de la ciencia, el hombre moderno ya debería haber superado esos miedos. Creía que la ciencia había desvelado los secretos del universo y había ocupado el lugar de la religión como la «sede de la autoridad intelectual»[18]. La persona verdaderamente religiosa era la que sentía «repulsión por lo que existe como religión a causa de su implicación intelectual y moral»[19]. Así, el impulso religioso podía surgir de la poesía, la literatura, una hermosa puesta de sol o una canción bien cantada, siempre que no fuera introducido por una religión formal. Para Dewey, el valor de estos impulsos religiosos era terapéutico, al permitir a las personas sentirse mejor consigo mismas y con lo que hacían, además de impulsarlas a trabajar por el bien común de la sociedad.

Bajo la filosofía de Dewey, el Dios del credo de los Apóstoles se convirtió en un tirano que quiere mantener al hombre sometido, ignorante de la verdadera naturaleza del mundo y condenado a una vida en la que nunca podrá desarrollar todo su potencial. Solo el dios de la ciencia, el dios de la filosofía —en resumen, el dios que Dewey permitía adorar— puede liberar al individuo y a la sociedad para que evolucionen y superen sus limitaciones. Esta es la teología que subyace a la educación progresista. Los métodos de Dewey, centrados en el niño, eran un esfuerzo directo por alejar a los niños del concepto cristiano de Dios y la correspondiente dependencia de su gracia. En lugar de ello, los niños debían encontrar dentro de sí mismos las respuestas que la vida exigía. El Dios trino debía ser sustituido por el dios del yo. Esta era la nueva ortodoxia de Dewey.

Llama la atención que, mientras Dewey se apresuraba a condenar el cristianismo como antiestadounidense y antidemocrático, alababa generosamente la educación en la nueva Unión Soviética. En 1928 recorrió Rusia con otros educadores. A su regreso, se deshizo en elogios hacia la nueva sociedad soviética. Escribió: «En ningún lugar del mundo he visto jamás una proporción tan grande de niños inteligentes, felices e inteligentemente ocupados»[20]. Es de suponer que Dewey no habló con ningún superviviente del infame «Terror rojo», en el que los bolcheviques masacraron a cientos de miles de sus compatriotas. Tal vez los generosos elogios que le dedicaron sus anfitriones soviéticos influyeron en su opinión. Para ellos, Dewey era uno de los «escritores más renombrados» de la revolución. Los comunistas habían adoptado su modelo de educación progresista como base de una nueva pedagogía soviética que enseñaba a los niños a rechazar la religión, sustituía los estudios clásicos por estudios técnicos orientados al obrero y rechazaba la autoridad establecida de la Iglesia y el Estado en favor de la autoridad del colectivo. Dewey consideraba que este nuevo enfoque soviético de la educación debía servir como modelo para la integración de sus reformas en Estados Unidos. Escribió:

> Aunque un visitante norteamericano puede sentir un cierto orgullo patriótico al observar en cuántos aspectos el impulso inicial provino de alguna escuela progresista de nuestro propio país, se siente al mismo tiempo humillado e impulsado a renovar su esfuerzo cuando ve hasta qué punto esa idea está más orgánicamente incorporada en el sistema ruso que en el nuestro[21].

La admiración que los rusos habían despertado en Dewey se debía a que ellos habían reconocido la incompatibilidad de los estudios clásicos con el nuevo orden mundial ruso. Esto es lo que yace en el corazón del conflicto entre la confesión cristiana y la educación progresista. Los estudios clásicos hacen hincapié en la importancia de las lenguas, el respeto por la sabiduría, y la reflexión contemplativa sobre la vida propia. Desde los días de san Agustín, la Iglesia había reconocido que, a medida que los niños fueran formados en estas cosas, estarían bien preparados para comprender la fe cristiana. Tal educación los capacitaba para estudiar adecuadamente la Palabra de Dios, buscar en ella la verdad y la sabiduría, y servir al prójimo con obras de amor. Dewey quería una nueva religión, y necesitaba una forma de educación correspondiente que preparara a los niños para recibir esta nueva fe con «corazones alegres y sinceros». Para que esto ocurriera, la educación tenía que ser reelaborada a fin de despertar en los alumnos la conciencia de su papel en el proceso de evolución social en el que Dewey basaba su religión. *Mi credo pedagógico* está salpicado de términos como «progreso social», «conciencia social» y «crecimiento social». La insistencia de Dewey en que los niños aprendieran de forma cooperativa surgió de su deseo de utilizar las escuelas como semilleros de este nuevo tipo de socialismo. Dijo: «La mejor y más profunda formación moral es precisamente aquella que se obtiene al tener que entrar en relaciones adecuadas con los demás en una unidad de trabajo y pensamiento»[22]. En un aula progresista, los alumnos trabajarían en cooperación, confiarían solo en la investigación científica y rechazarían las figuras históricas de autoridad. Formarían nuevas construcciones morales, resolverían problemas sociales y se elevarían por encima de las diferencias religiosas, para crear una sociedad utópica marcada por la fraternidad universal. Según Dewey, el fundamento de la verdadera educación «surge a medida que el poder del niño es estimulado por las exigencias de las situaciones sociales en las que se encuentra». La educación cristiana clásica, que valoraba la excelencia individual, el dominio del material académico, el estudio diligente de la historia y la literatura, y el respeto a la autoridad, iba en contra de los objetivos de Dewey. Dijo: «Los sistemas educativos actuales, en la medida en que destruyen o descuidan esta unidad, hacen difícil o imposible obtener cualquier formación moral genuina y regular». Para Dewey, la verdadera educación era «un proceso de vida, y no una preparación para la vida futura»[23].

Este proceso sería la ética de la nueva religión humanista, y los maestros serían sus principales proselitistas. Eran los nuevos sacerdotes sociales que habían recibido un llamado casi divino para mantener un «orden social adecuado» y asegurarse de que los niños fueran conducidos por las sendas correctas del «crecimiento social». Dewey utilizó intencionalmente términos bíblicos para describir el papel del maestro en la enseñanza de esta nueva fe. Declaró: «Creo que, de este modo, el maestro es siempre el profeta del verdadero Dios y el heraldo del verdadero reino de Dios [...]. Creo que cada maestro debe darse cuenta de la dignidad de su vocación; que es un servidor social apartado para el mantenimiento del orden social apropiado y para asegurar el correcto crecimiento social»[24].

Como modelo formal de educación, la educación progresista tuvo más influencia en la primera mitad del siglo XX entre las élites educativas; sin embargo, con el inicio de la Guerra Fría, la Carrera Espacial, con su énfasis en las ciencias duras, y el movimiento contracultural de los años sesenta, cayó en desgracia y fue sustituida por otros modelos más «progresistas»[25]. A pesar de este declive, muchos de los principios básicos se habían arraigado en las facultades de educación y se incorporaron a los modelos educativos posteriores.

## *Lev Semyonovich Vygotsky (1896-1934)*

El psicólogo de la educación Lev Vygotsky ha sido objeto de gran atención por parte de los pedagogos norteamericanos en los últimos cuarenta años. Los educadores alaban su perspicacia respecto de la manera en que los niños aprenden, sus teorías sobre el desarrollo del lenguaje y sus métodos innovadores. A menudo se lo considera un psicólogo revolucionario que fue ampliamente olvidado en su propio país. Algunos lo han llamado el Mozart de la psicología[26]. Prácticamente todos los estudiantes de pedagogía de Estados Unidos conocen sus teorías y métodos.

Pese a toda la atención prestada a Vygotsky, pocos estudiantes conocen sus antecedentes y motivaciones. Sorprendentemente, muchos profesores de educación ignoran que Vygotsky fue un educador marxista-leninista que trabajó en la Rusia revolucionaria, o que fue uno de los pedagogos más influyentes bajo el mandato de Josef Stalin, o que la obra de su vida fue la aplicación de los principios marxistas a la educación[27]. Lo que tampoco se suele mencionar en la literatura educativa es que el objetivo de Vygotsky era utilizar la educación para crear un nuevo hombre soviético que trabajara con sus camaradas para construir el Estado comunista perfecto.

Vygotsky se licenció en Derecho por la Universidad de Moscú en 1917. Al igual que Karl Marx, estaba muy influido por las ideas de evolución social de Spencer. Creía que la revolución comunista formaba parte del progreso natural de la evolución social. Imaginaba un nuevo orden, construido sobre principios socialistas, que eliminaría toda desigualdad, injusticia, explotación de los trabajadores y, de una vez por todas, la estructura dominante de la Iglesia y el Estado. Vygotsky creía que, para que el Estado socialista tuviera éxito, necesitaba una pedagogía estructurada en torno a los principios de la psicología marxista. Lejos de ser un observador desapasionado de la naturaleza humana, Vygotsky estaba dogmáticamente comprometido con su filosofía marxista, en la que creía que se podía confiar para dar forma a la investigación de una persona. Dijo: «La psicología marxista no es una escuela entre muchas sino la única psicología genuinamente científica. No puede existir otro tipo de psicología. E inversamente, todo lo que fue y es genuinamente científico pertenece a la psicología marxista»[28]. Esta afirmación socava la noción de investigación imparcial.

Aunque el marxismo no es una religión, los cristianos harían bien en considerarlo en términos teológicos. De hecho, esta es la forma en que los primeros marxistas consideraban su filosofía. El marxista ruso Anatoly Lunacharsky (1875-1933)[29], que fue el primer Comisario del Pueblo para la Educación de la Unión Soviética, creía que el socialismo era la nueva religión que liberaría a la gente de los problemas de este mundo e inspiraría el desarrollo de un reino terrenal divino. En su opinión, Marx era un genio religioso a la altura de Isaías, Jesús y san Pablo[30]. En lugar de Dios, los marxistas instalaron al hombre, aunque ciertamente no al hombre como lo define el cristianismo. La visión marxista del hombre no es la de un ser egoísta, egocéntrico y pecador. No es, como dijo Lutero, un «hombre tan curvado sobre sí mismo que utiliza no solo los bienes físicos, sino aun los espirituales para sus propios fines y en todas las cosas se busca solamente a sí mismo»[31]. ¿Qué clase de Dios sería ese? Más bien, los marxistas inventaron un hombre ficticio y perfeccionado que, habiendo sido liberado de los agentes de la opresión, ahora se hallaba libre de tal egoísmo. En lugar del cielo, prometieron una nueva tierra en la que, habiéndose despojado de los grilletes del dinero, la propiedad y la individualidad, la humanidad coexistiría en una sociedad dichosa y sin clases. Por supuesto, esta visión debe ignorar las decenas de millones de personas que, para dar paso a todo esto, fueron despojadas de sus propiedades, enviadas a campos de trabajo y masacradas sin sentido, por no mencionar el número incalculable de cristianos cuyas iglesias fueron confiscadas y que fueron encarcelados, torturados y martirizados por no someterse a este nuevo orden mundial.

Según Vygotsky, la verdad se encontraba en el trabajador. Inspirado por la teoría del materialismo dialéctico de Marx, creía que la verdad es social: procede de las interacciones sociales del niño con los demás. La familia, la situación económica, la religión y la cultura son herramientas que los niños utilizan para construir significados. Si estas estructuras resultaban opresivas, como Vygotsky concluía felizmente que lo eran en aquella época, entonces la realidad construida por los niños socavaría su capacidad para ocupar el lugar que les correspondía en el mundo. Si esas estructuras «opresivas» eran eliminadas, los niños serían libres para crear nuevos significados y evolucionar junto con la sociedad hacia el nuevo orden mundial marxista que estaría poblado por el nuevo hombre soviético[32].

En esta nueva psicología marxista, no había lugar para Dios ni para el antiguo principio de que la verdad, la bondad y la belleza procedían de él. Aunque él mismo había recibido una educación clásica, Vygotsky creía que el antiguo sistema educativo estaba corrompido. Argumentaba que no era más que un medio para sostener en el poder a las élites gobernantes que utilizaban su educación para promover una versión de la verdad, la moralidad y la sabiduría diseñada para oprimir a la clase trabajadora. La principal de esas élites era la Iglesia, que había impuesto una versión inaceptable de la verdad y la moral a la sociedad por demasiado tiempo. Afirmaba que la moral cristiana no era más que una parte de la «moral burguesa» que estaba «totalmente cargada de hipocresía y falsedad». Según Vygotsky, al «predicar el Reino de Dios después de la muerte», la Iglesia había «implantado en el mundo un reino de esclavistas». En la visión marxista del mundo, la moral cristiana estaba «llena de mentiras e hipocresía» y había que acabar con ella. Vygotsky creía que había amanecido una nueva era en la que el nuevo hombre soviético, que Vygotsky estaba ayudando a crear, estaba «haciendo estallar los cimientos mismos de la moral cristiana desde el interior». De hecho, se regocijaba de que, con la revolución, «se ha roto el vínculo milenario entre moral y religión», y «la moral está empezando a adquirir un carácter cada vez más temporal»[33].

En la nueva aula marxista, los alumnos no aprenderían sobre la verdad, la bondad y la belleza a través de un profesor bien capacitado; tampoco estudiarían latín, teología, filosofía clásica o literatura clásica. Todas estas cosas se consideraban inútiles en el nuevo orden mundial. En lugar de ello, los estudiantes aprenderían a ser trabajadores productivos, eficientes y cooperativos a través de una educación politécnica práctica. Además, los profesores no debían ser vistos como figuras de autoridad que dominaban la materia a enseñar, sino como facilitadores que animaban a los niños a descubrir y aprender colectiva y socialmente, guiándolos hacia una comprensión más profunda de lo que el colectivo había determinado como valioso.

De ahí surgió la famosa teoría de las zonas de desarrollo próximo (ZDP) de Vygotsky. Esta teoría se inculca prácticamente a todos los estudiantes de pedagogía como un elemento básico de su formación para ser profesores y ha llegado a dominar el mundo educativo. Algunos sugieren que la ZPD es tan fundamental para el desarrollo del niño que los padres deben conocerla para poder educar correctamente a sus pequeños[34]. La ZPD se define como el desfase entre lo que un niño puede saber cómodamente y lo que solo puede saber con ayuda. Para que los niños adquieran mayores conocimientos, la tarea del profesor consiste en proporcionarles estructuras de aprendizaje o «andamios» que los ayuden a trabajar en cooperación con sus compañeros para dominar la nueva habilidad o conocimiento. Un profesor eficaz solo tiene que poder observar agudamente a un alumno y ser capaz de proporcionarle un andamiaje adecuado para que ese alumno en particular lo utilice con el fin de progresar a través de los diferentes niveles de aprendizaje. A primera vista, esto parece de sentido común; sin embargo, la teoría de Vygotsky es mucho más de lo que se observa a simple vista.

Vygotsky veía el aula como un colectivo socialista en el que los niños despertaban a su nueva vida como clase trabajadora a medida que tomaban conciencia de sus luchas económicas. En este entorno, aprendían mejor de sus pares: sus camaradas, por así decirlo. Era imperativo que los niños se conformaran a la voluntad del colectivo y no se sometieran a ninguna autoridad superior, como el maestro. Vygotsky entendía su teoría ZPD como una herramienta crucial para moldear las mentes jóvenes que luego rechazarían la cultura capitalista y la moral religiosa. En lugar de estas viejas estructuras de opresión había un nuevo colectivismo modelado por profesores que debían ser considerados como pares de los propios alumnos. Los niños se observaban mutuamente en busca de una norma conductual que «procede de todos; del grupo»[35]. La teoría ZPD de Vygotsky no se trataba de que un profesor dirigiera el aprendizaje de los alumnos. Se trataba de que el grupo social moviera al niño hacia construcciones apropiadas de la realidad. Se trataba de que el grupo presionara al individuo para alcanzar la conformidad con la moral colectiva. Se trataba de que los niños renunciaran a su independencia y a su individualidad. Así pues, había que alabar el trabajo en grupo y desalentar la excelencia individual. No era importante que los niños dominaran el material que tradicionalmente se requería para ser una persona bien educada, ni que se les enseñara a mirar a Dios con fe y se los formara en cuestiones de verdad, bondad y belleza. Una educación así no servía al nuevo orden mundial marxista.

Vygotsky reconocía que habría ocasiones en las que el comportamiento de un niño no se ajustaría a los intereses del grupo. En tales casos, el profesor debía ayudar al niño a ver «el valor de cambiar su forma de comportarse para que concordara con los intereses del grupo»[36]. Debían diseñarse rutinas para que el niño estuviera «en consonancia con el grupo» y renunciara a cualquier pretensión de tener razón por sobre y en contra de las necesidades del grupo. Fuera del aula vygotskiana quedó el maestro sabio y virtuoso, responsable de enseñar lo verdadero, noble, recto, puro, amable, admirable, excelente o digno de alabanza (Fil 4:8). En su lugar, Vygotsky presentó a un profesor cuya tarea consistía en asegurarse de que los niños trabajaran juntos en un colectivo feliz, esforzándose por conseguir un mundo de armonía y tranquilidad de inspiración marxista.

Si las ideas de Vygotsky eran tan opuestas a la educación estadounidense y cristiana, ¿por qué no se rechazaron desde el principio? ¿Por qué Estados Unidos —una nación construida sobre la libertad y forjada por el capitalismo— querría que sus profesores estudiaran pedagogía comunista? ¿Por qué las escuelas cristianas —que dependen de la enseñanza de la Palabra revelada de Dios y consideran a los profesores como representantes de la autoridad de Dios— querrían promover el constructivismo social y el antiautoritarismo del socialismo?

Tras la muerte de Vygotsky en 1934, sus obras fueron en gran parte olvidadas en su propio país. Sin embargo, los educadores estadounidenses las retomaron con entusiasmo. En 1962 se publicó *Pensamiento y lenguaje*, eliminando de la traducción casi todas las referencias al marxismo y al leninismo[37]. Aquello sentó las bases para otra traducción, *Mind In Society*, publicada en 1978. Esta obra fue bien recibida por los intelectuales estadounidenses, quienes rápidamente trataron de incorporar acríticamente las ideas de Vygotsky a la formación pedagógica estadounidense. Así, en un momento en el que el sistema soviético —que Vygotsky ayudó a crear y mantener— estaba a punto de desmoronarse bajo su propia bancarrota espiritual, ideológica y económica, las obras de Vygotsky estaban siendo acogidas en el mismo sistema que él consideraba tan absoluta e irremediablemente corrompido.

Las ideas de Vygotsky siguen prosperando. Bajo nombres como «pedagogía liberadora», «pedagogía crítica» y «pedagogía emancipadora», él se ha convertido en el héroe de una nueva generación de neomarxistas que ven la lucha dialéctica no en términos de burgueses gobernantes contra obreros, sino de cultura occidental/cristiana contra una variedad de minorías sexuales, económicas, lingüísticas o étnicas oprimidas. Disfrazado de pensamiento crítico, un autor dice: «Se debe enseñar a los niños a preguntarse "qué grupos y comunidades sociales (de raza y de género) ganan o pierden con determinadas políticas y procesos", y se les debe enseñar el análisis marxista y la naturaleza explotadora de clases del capitalismo». Deben «abordar y valorar el alfabetismo ecológico y la disposición a actuar en favor de la justicia medioambiental, así como de la justicia económica y social». Los profesores deben «garantizar que el currículo escolar y el "currículo oculto" sean antirracistas, antisexistas y antihomofóbicos». Y se anima a los educadores a desarrollar un nuevo "currículo oculto" que promueva una cosmovisión marxista, abordando, identificando, criticando y combatiendo «la explotación de clases sociales que ocurre bajo el capitalismo y la discriminación de clases que conlleva»[38]. ¡Y tú que pensabas que Juanito iba a la escuela a leer, escribir y estudiar aritmética!

Para estos neomarxistas, los estrechos vínculos de la Iglesia con el desarrollo de la cultura occidental la señalan como una organización represiva. El capitalismo es el mal, y la religión un medio de opresión. La moral es una construcción de los poderosos. Aun la insistencia en el uso correcto del idioma no es más que una forma de mantener a las élites en el poder. Para el profesor del siglo XXI, es mucho mejor hacer que los niños trabajen juntos por medio del aprendizaje colaborativo, hacerles preguntas que los encaucen y apoyar todas las decisiones morales tomadas por el grupo. A veces esto adopta una forma casi surrealista. En el estado de Michigan se espera que los niños de preescolar «participen en conversaciones colaborativas con diversos interlocutores, sobre *temas y textos de preescolar*, con su pares y con adultos»[39]. Todos estos principios han sido tomados directamente de Vygotsky y, como lo demostrará una rápida búsqueda en Google, constituyen el sustento del pensamiento educativo estadounidense contemporáneo.

## Los gnósticos

### Maria Montessori (1870-1952)

La mayoría de los estadounidenses tienen su primer contacto con Maria Montessori a través de una de las más de 4000 escuelas que llevan su nombre. Las escuelas Montessori son asociadas con entornos afectuosos y pacíficos en los que los niños se dedican a lo que les interesa, a su propio ritmo. Numerosas escuelas Montessori explican su enfoque de esta manera: «La educación Montessori ofrece a nuestros niños oportunidades para desarrollar su potencial mientras salen al mundo como ciudadanos comprometidos, competentes, responsables y respetuosos, entendiendo y siendo conscientes de que el aprendizaje es para toda la vida»[40].

Montessori, que era médica, sostenía que sus métodos eran completamente científicos. Creía que, mediante la observación cuidadosa de los niños, se podía crear un entorno de aprendizaje óptimo. Utilizó su método «científico» para idear un enfoque educativo centrado en el niño, y en el que la curiosidad de este era primordial.

A los niños educados en Montessori se les enseña a hacer elecciones sobre lo que aprenden, creyendo que lo que aprenden mejor es lo que más les interesa[41]. Se alaba el aprendizaje práctico y basado en actividades, y en lugar de buscar la orientación del profesor, se anima a los niños a aprender de sus pares por medio del juego colaborativo.

Las ideas de Montessori se han extendido mucho más allá de las escuelas Montessori. Sus métodos forman parte de la capacitación del profesorado y son especialmente influyentes en el campo de la educación infantil temprana. Sus teorías sobre el modo en que los niños pequeños aprenden no solo han moldeado las formas fundamentales en que los pedagogos entienden a los niños, sino que también influyeron mucho en Piaget y Vygotsky. En las facultades de pedagogía de Estados Unidos, Montessori es presentada como una pionera innovadora, cuyos métodos y teorías se enseñan a los futuros maestros sin tener en cuenta los objetivos teológicos radicales que ella tenía en mente.

Aunque a menudo se habla de Montessori como una devota católica romana, sus enseñanzas la sitúan en desacuerdo con la doctrina cristiana histórica[42]. Como la mayoría de los pedagogos inspirados en la Ilustración, rechazaba que los niños nacieran en pecado y necesitaran un Salvador. En consecuencia, rechazaba la doctrina de que solo en Cristo se pueden realizar buenas obras espirituales. En lugar de ello, Montessori consideraba que los niños son no solo inocentes, sino innatamente santos, e incluso poseedores de cualidades redentoras divinas.

Al describir el desarrollo espiritual de los niños, Montessori se refirió a ellos como «embriones espirituales» y «energías espirituales» que buscaban su expresión en un cuerpo físico[43]. Si estos «embriones espirituales» eran adecuadamente nutridos, su naturaleza divina quedaría liberada para que actuaran como agentes de la redención divina del mundo. En otras palabras, los niños serían precursores de una era de paz y tranquilidad mundial. Montessori escribe: «Fue Cristo quien nos mostró lo que el niño realmente es [...] el guía del adulto hacia el reino de los cielos»[44].

Según Montessori, la redención no era la salvación del pecado, de la muerte eterna y del poder del diablo. Escribiendo después de las guerras europeas, consideró la redención como una salvación temporal: la progresión terrenal hacia una nueva era en la que las personas convivirían en armonía desinteresada sin guerras ni conflictos.

¿Cuál es la evidencia de este nuevo plan de salvación? Históricamente, la Iglesia cristiana ha afirmado que el plan de salvación de Dios solo se da a conocer a través de Cristo y se revela al mundo mediante la Santa Palabra de Dios. No así para Montessori. Según ella, las palabras de Cristo en las Escrituras solo podían entenderse metafóricamente, en el mejor de los casos. Si uno quería ver el plan de salvación de Dios llevándose a cabo en el mundo, necesitaba observar a los niños que, después de todo, estaban dotados de una medida de divinidad. Escribió:

> El niño promete entonces la redención de la humanidad, y podríamos decir que esta verdad está representada por el símbolo místico de la Natividad. El niño ya no debe ser considerado como el hijo del hombre, sino como el creador y el padre del hombre, que nos señala el camino hacia una vida mejor y nos trae la luz. El niño debe ser considerado como [...] el padre capaz de crear una humanidad mejor. Nos corresponde, por tanto, servir al niño y crear una atmósfera que pueda satisfacer sus necesidades[45].

Esta salvación formaba parte de una visión evolutiva divina de la redención. La redención no llegaba a través de la vida perfecta de Cristo y su muerte omnisuficiente en la cruz, sino a través de un proceso evolutivo divino en el que los seres humanos tenían un papel activo. Montessori escribió: «nuestra orgullosa civilización y todos los maravillosos logros de la evolución han sido posibles gracias al sacrificio de humildes salvadores de cuya obra somos inconscientes[46].

Por eso era tan importante que los niños exploraran sus intereses y buscaran orientación en sus compañeros, no en sus maestros. Eran seres espirituales, divinos, que necesitaban liberarse de las restricciones de la educación para ser dueños de su propio aprendizaje. Un plan de estudios clásico, que entrena la mente de acuerdo con la sabiduría y subraya la importancia de los contenidos de calidad, obstaculizaba el desarrollo del niño. El maestro que daba una dirección o instrucción innecesaria a los niños estaba, en efecto, impidiendo que sus embriones espirituales se desarrollaran plenamente, obstaculizando así el avance hacia la perfección y, a su vez, impidiéndoles avanzar en este plan evolutivo divino para el cosmos. Ella escribió:

> El niño cuya atención ha sido retenida por un objeto escogido mientras concentra todo su ser en la repetición del ejercicio, es un alma liberada en el sentido de la seguridad espiritual de la que hablamos. A partir de ese momento, no hay que preocuparse por él, excepto para preparar un ambiente que satisfaga sus necesidades y eliminar los obstáculos que puedan obstruir su camino hacia la perfección[47].

Más adelante se hablará más sobre la influencia del gnosticismo en la educación moderna; sin embargo, en este punto se requiere una breve explicación, ya que Maria Montessori era en gran medida gnóstica. En los primeros cuatro siglos, la Iglesia luchó contra la herejía del gnosticismo (de la palabra griega «saber»). Este defendía una visión dualista de la naturaleza humana en la que el yo espiritual interior estaba en conflicto con el mundo físico. La salvación ocurría cuando este yo espiritual era iluminado para conocer su verdadera naturaleza divina y, así, escapaba de los confines del mundo material. La Iglesia primitiva condenó el gnosticismo como una herejía porque negaba la salvación a través de solo Cristo. Como ocurre con cualquier herejía convincente, el gnosticismo no se desvaneció en el siglo IV, sino que persistió a lo largo de los siglos para resurgir como el corazón del modelo educativo de Maria Montessori.

La teología gnóstica de Montessori debía ser el vehículo que impulsara al mundo hacia una nueva era utópica: una época en la que todas las guerras y conflictos cesarían y todos vivirían juntos en fraternidad universal. Uno no puede dejar de asombrarse ante el completo fracaso de semejante visión. El mundo sigue siendo un lugar violento, lleno de conflictos y egocentrismo, aun entre quienes fueron educados en escuelas Montessori. Para el cristiano, esto no tiene nada de sorprendente. Montessori, como tantos otros pedagogos seculares, negó la verdad del pecado original, lo cual pondrá para siempre a la humanidad en contra de Dios y en contra de sí misma.

## *Jean Piaget (1896-1980)*

Es difícil exagerar la influencia de Jean Piaget en el panorama educativo estadounidense. Sus teorías sobre el desarrollo infantil y el conocimiento (epistemología) del niño han moldeado dramáticamente la comprensión del proceso educativo por parte de los profesores. Aunque en el mundo de la psicología muchos consideran a Piaget poco más que una figura de interés histórico, y aunque su influencia en la teoría del desarrollo infantil ha disminuido, sus teorías educativas siguen enseñándose en las facultades de pedagogía de toda Norteamérica.

Piaget es principalmente conocido por dos cosas: su teoría del desarrollo cognitivo y, relacionado con ella, algo que él llamó «epistemología genética». Piaget creía que los niños progresaban a través de una serie de cuatro etapas de desarrollo cognitivo predeterminadas en las que construían su propio conocimiento dando significado a las cosas que los rodeaban. Lo interesante para nuestro análisis es que, para Piaget, el conocimiento no procedía del exterior del individuo. No procedía de Dios ni era enseñado a los alumnos por un profesor. El conocimiento lo construye el propio niño. La palabra importante aquí es «construye» porque, según Piaget, la clave del desarrollo de los niños no era que tuvieran buenos maestros que les enseñaran lo que era sano o beneficioso para una vida piadosa, sino que se les permitiera construir su propia comprensión del mundo que los rodeaba.

Al igual que Montessori, subrayó la importancia de dejar que la curiosidad del niño dirigiera el aprendizaje. Sostenía que a los niños debían dárseles todas las oportunidades para explorar, experimentar y vivir el aprendizaje con una dirección o instrucción mínima por parte del profesor. Piaget respaldó sus teorías con observaciones de estilo laboratorial sobre cómo, qué y cuándo aprenden los niños[48]. La opinión generalizada es que las teorías de Piaget se basan en investigaciones científicas sólidas. Sus seguidores lo describen como un consumado científico social objetivo, que solo informa lo que ha observado, probado y verificado[49]. Prácticamente no se habla de lo que creía o confesaba. En realidad, Piaget tenía opiniones teológicas muy claras.

El padre de Piaget, profesor de Literatura Medieval, era indiferente al cristianismo. Su madre, sin embargo, era una devota cristiana reformada. Cuando Piaget era joven, ella se preocupó por sus inclinaciones espirituales y lo inscribió en un curso de religión. Piaget abandonó los estudios porque le resultaba difícil conciliar la teología cristiana con sus conocimientos de biología, que eran los que realmente le interesaban. El conflicto entre ciencia y religión se resolvió en Piaget cuando encontró un ejemplar de *Esquisse d'une philosophie de la religion : d'après la psychologie et l'histoire*, de Louis-Auguste Sabatier. Sabatier era un teólogo místico liberal que creía que, para comprender correctamente a Dios, no había que partir de las Escrituras ni de las enseñanzas de la Iglesia, sino del «impulso religioso», que podía entenderse a través de la ciencia de la psicología. La psicología, y no las Escrituras, era el medio adecuado para comprender a Dios. Esta fue la primera de las dos profundas percepciones que dieron forma a la manera en que Piaget entendió a Dios y la religión.

La segunda fue el encuentro de Piaget con las ideas del filósofo francés Henri Bergson, gran opositor al dualismo cartesiano, que escribió un libro titulado *La evolución creadora*, en el que trataba de armonizar la ciencia evolutiva con la religión. Según Bergson, Dios no era un ser trascendente que había creado el mundo y todo lo que hay en él. Más bien, Dios era una «energía vital» que vivía dentro de cada persona. Este dios inmanente era solo una parte de un gran movimiento evolutivo que abarcaba la sociedad, la religión, el conocimiento y la biología. La idea de Bergson inspiró a Piaget para desarrollar una comprensión completamente diferente de lo que constituía dios. Dios no debía entenderse como un ser trascendente, separado de su pueblo, que les revelaba la verdad y la sabiduría e intervenía en sus vidas para el bien de ellos. Piaget sostenía que la psicología y la sociología habían puesto al descubierto que un dios así era una ilusión y habían «destruido la teología clásica»[50]. Dios solo interactuaba con las personas desde el interior. Piaget dijo: «Dios no es un ser que se nos impone desde fuera. Su realidad solo consiste en el esfuerzo íntimo de la mente que busca»[51]. Es importante señalar que Piaget no estaba negando la existencia de Dios, ni diciendo que fuera un producto de la imaginación humana. Dios sí existía, pero el conocimiento, la realidad y la verdad de él solo se encontraban en el funcionamiento de la mente biológica. Para Piaget, esto fue revolucionario. En su vejez, dijo:

> Recuerdo una noche de profunda revelación. La identificación de Dios con la Vida misma fue una idea que me estimuló hasta casi alcanzar el éxtasis, porque me permitió ver en la Biología la explicación de todas las cosas, incluyendo la Mente misma[52].

¿Cuál era la naturaleza de este dios? Para responder a esta pregunta, Piaget se basó en un filósofo alemán del siglo XVII, Gottfried Leibniz (1646-1716). Leibniz es muy conocido por su trabajo en matemáticas; de hecho, muchos afirman que inventó el cálculo. Fue un luterano racionalista que intentó llegar a una comprensión filosóficamente más aceptable de la naturaleza de Dios. Se inspiró en el gnosticismo antiguo y sostuvo que el universo estaba formado por seres inmateriales de carácter semejante al divino. La Mónada es el único ser absoluto y tiene emanaciones llamadas «eones». La Mónada con sus eones es indivisible y no tiene partes: es la esencia misma de todas las cosas, divina en el sentido de que está más allá de todas las palabras, doctrinas, nombres, y del pensamiento mismo. Es la entidad eterna responsable de todo lo que existe.

Piaget unió este concepto gnóstico de la Mónada al misticismo, creando una espiritualidad filosófico-gnóstica según la cual Dios habitaba en la biología y el yo era el lugar donde se encontraban la verdad y la sabiduría. Inspirado por un celo casi misionero, dijo: «en ese momento decidí consagrar mi vida a la explicación biológica del conocer»[53].

Algunos argumentarán que estos puntos de vista teológicos pertenecen a la juventud de Piaget y, por lo tanto, tienen poca relación con su obra posterior. Sin embargo, Piaget no solo *no* los repudió, sino que, después de ganar fama y notoriedad por sus teorías sobre el desarrollo infantil, se refirió repetidamente a sus concepciones gnósticas en sus obras posteriores. En sus últimos años, Piaget elogió los Evangelios gnósticos, obras que la Iglesia había declarado heréticas, como obras de la verdad que la ortodoxia eclesiástica había deliberadamente suprimido. Rechazó la enseñanza cristiana de que los hombres eran pecadores desde que nacían, afirmando que el cristianismo ortodoxo sostenía el error de que «la humanidad está separada de su creador por un abismo». Afirmó: «Los gnósticos contradijeron esto. Sostuvieron que el conocimiento de uno mismo es el conocimiento de Dios; el yo y lo divino son idénticos»[54].

Las opiniones de Piaget sobre el desarrollo infantil solo pueden entenderse a la luz de su teología. Su teoría del desarrollo cognitivo fue diseñada para promover su comprensión de Dios, la religión, la evolución y la epistemología. Sin embargo, pese a lo centrales que son las creencias personales de Piaget para sus teorías, los profesores de pedagogía prácticamente las ignoran. Imagino que, para el sistema educativo y psicológico secularizado, sería muy vergonzoso que se demostrara que Piaget tenía una agenda teológica.

¿Cómo influye este «dios biológico» en la visión que uno tiene de la educación? Clásicamente, la mente se relacionaba con el cerebro, pero manteniendo una firme distinción. La mente formaba parte del alma. En consecuencia, la educación clásica buscaba enseñar aquello que fuera de beneficio para la mente —cosas como la virtud, la belleza y la sabiduría—. Según Piaget, estas preocupaciones clásicas contribuían poco al desarrollo de esta nueva mente biológica. Un objetivo más importante era descubrir cómo los niños construían la verdad, desentrañando el entorno ideal para su conexión mística con el dios interior de sus mentes. La verdad, la sabiduría, el conocimiento y la comprensión no proceden de fuentes externas, como las Escrituras o los sabios del pasado, sino del dios interior. Piaget no tenía ningún interés en llevar a los niños a descubrir quiénes debían ser en Cristo Jesús, ni en formarlos para que se comprendieran a sí mismos en términos de las vocaciones que Dios les había dado. No le interesaba enseñar a los niños a negarse a sí mismos. Lo más importante era que se permitiera a los niños desarrollar el conocimiento de su verdadero yo interior, que residía en el cuerpo físico pero no formaba parte de él. Era el resultado del trabajo de la antigua Mónada que utilizaba la biología para crear el yo. Así pues, el objetivo era que los niños se basaran en este verdadero yo para construir su propia comprensión del mundo, que luego daría forma a su conocimiento de la verdad y la bondad moral. En Mateo 8, Cristo instruye que deberíamos ser como niños que miran a él y confían en su misericordia, gracia, guía y protección contra el pecado y todo mal. Piaget habría considerado esto como un ataque a la biología evolutiva. Creía que no deberíamos evolucionar hacia un estado infantil, sino hacia una mente biológica madura, poseedora de una comprensión y un conocimiento independientes del Dios trino.

¿Cómo se sabe si un niño ha desarrollado con éxito esta mente biológica madura? Sencillamente, siguiendo la filosofía del propio Piaget: midiendo dónde se encuentra según las etapas de desarrollo del propio

Piaget. Una de las características de los antiguos maestros gnósticos es que afirmaban poseer un conocimiento especial que nadie más tenía. Aquí, Piaget revela su amor por el gnosticismo al hacer la audaz afirmación de que él, con precisión científica, conocía la mente de un niño y entendía exactamente cómo se desarrollaba[55].

La filosofía de Piaget representa una mezcla inquietantemente extraña de misticismo teológico, gnosticismo y ciencia biológica. Sostenía que las personas pueden tener una experiencia interior con Dios al margen de la Palabra. De hecho, peor aun, bajo el esquema de Piaget, la Palabra de Dios obstaculiza tal experiencia. Piaget creía, por el contrario, que se podía llegar a un conocimiento perfecto de lo divino, y alcanzar la armonía y una comprensión del verdadero yo, mirando hacia dentro y no la Palabra. Por encima de todo esto había un sentimiento evolucionista de que este era el camino hacia la perfección. Esta era la versión de la espiritualidad de Piaget. Creía que si la educación podía reformularse de acuerdo con sus ideas del desarrollo infantil, la sociedad en general alcanzaría un nuevo equilibrio. El mundo aún estaba en proceso de evolución. La sociedad y la humanidad estaban progresando hacia un plano de nobleza más alto y era necesario dejar atrás conceptos anticuados como el pecado, el egoísmo, la ignorancia y la lucha. También era necesario sustituir las viejas tradiciones clásicas de educación por otras nuevas basadas en esta visión evolutiva centrada en el niño. Lejos de ser un científico objetivo que se limitaba a informar lo que observaba, el trabajo de Piaget consistió en construir un sistema que respaldara sus puntos de vista teológicos. Utilizando la psicología y la teoría evolutiva, sustituyó al Dios trascendente de la fe cristiana por un dios interior de la mente biológica. Sustituyó a los maestros aprobados del pasado y la sabiduría revelada de Dios presente en las Escrituras por una sabiduría construida por la propia mente. En lugar de la esperanza de la vida en el mundo venidero, presentó la esperanza de un mundo perfeccionado por nuestro propio actuar.

## *El desarrollo cognitivo de Piaget y la teoría de Fowler sobre el desarrollo de la fe*

Los puntos de vista teológicos de Piaget fueron en gran medida ignorados por las comunidades psicológicas y educativas que retomaron sus ideas. Eso fue ciertamente desafortunado, pero peor fue el silencio de los educadores y teólogos cristianos sobre la naturaleza de los puntos de vista de Piaget. Este silencio dio lugar a que las teorías de Piaget fueran adoptadas por educadores cristianos deseosos de hacer que la enseñanza de la fe fuera tan respetable y moderna como las últimas tendencias de la educación secular.

En este sentido resultó influyente el trabajo de James Fowler, autor del libro *Stages of Faith: The Psychology of Human Development and the Quest for Meaning* (1981). La teoría del desarrollo de la fe de Fowler aplicó el enfoque de Piaget al desarrollo de la fe. Al igual que Piaget, Fowler dividió la fe en distintas etapas que representaban la progresión o evolución gradual del individuo hacia la fe perfecta o universalizadora. Fowler, siguiendo el ejemplo de Piaget, creía que la fe podía observarse y cuantificarse científicamente. Allí había un conflicto básico. Históricamente, la Iglesia cristiana había definido la fe no como una respuesta psicológica, sino como un conjunto de doctrinas o creencias confesadas por el cuerpo de Cristo y transmitidas a sucesivas generaciones de cristianos. Además, la Iglesia siempre había confesado el papel único del Espíritu Santo en llevar a una persona a una relación salvífica con el Dios trino. Esta fe buscaba la verdad en la Palabra de Dios, no en los sentimientos personales. La solución de Fowler a este conflicto fue simplemente redefinir la fe. Utilizando el esquema de Piaget, la fe se convirtió en un fenómeno psicológico independiente de una confesión de fe y separado de ella. Se convirtió en algo que el individuo construía mientras avanzaba por las distintas etapas de la vida. Así, para Fowler, el desarrollo de la fe de un musulmán podía ser igual al de un hindú o al de un cristiano. El contenido podía variar de una religión a otra, pero las características esenciales seguían siendo las mismas y podían medirse con los marcadores psicológicos que había determinado Fowler.

El enfoque de Fowler se enseñó a toda una generación de pastores y profesores. Se incorporó a los programas educativos religiosos y a los materiales curriculares. Fue presentado como la forma en que los educadores cristianos debían describir la fe para que sonara respetable ante el mundo académico y la comunidad psicológica. Lo que contaba ahora no era si uno creía, confesaba y enseñaba la verdad, sino el «viaje de fe» de un niño: su camino evolutivo personal hacia la plenitud espiritual. Con la aceptación de la teoría del desarrollo de la fe, Jean Piaget, el hombre que rechazó al Dios trino por un dios místico de la mente biológica, era ahora predicado desde los púlpitos y enseñado en las aulas cristianas de todo Estados Unidos.

## Conclusión

En este capítulo solo se han analizado cuatro pensadores. Algunos podrían argumentar que no son representativos de lo que se enseña actualmente en las facultades de pedagogía. Podría argumentarse que hay otros pedagogos más recientes que deberían ser examinados. Ese argumento puede tener cierto mérito; sin embargo, aquellos cuatro siguen siendo relevantes por dos razones. En primer lugar, ilustran la inexistencia de un enfoque científico imparcial de la teoría educativa. Un estudio de otros pedagogos revelaría que todos ellos también tuvieron agendas teológicas que moldearon sus observaciones y conclusiones. Esta es una premisa básica de este libro. La pregunta que el educador, padre y pastor cristiano debe hacerse es la siguiente: ¿Esa agenda ayuda o dificulta la formación de un alumno en el camino de Cristo? En segundo lugar, las presuposiciones teológicas de ellos han hecho metástasis y se han extendido por todo el mundo educativo. A veces la influencia es sutil; otras veces es obvia, pero ciertamente está presente. Antes de considerar alternativas para la educación cristiana, es importante examinar cómo estas teologías ajenas se manifiestan en la teoría y la práctica educativas contemporáneas.

# El veneno
de la educación liberal

Cada semestre suelo preguntar a mis alumnos de pedagogía: «¿Cuál es la habilidad más importante que quieren enseñar a los niños?». Sin dudarlo, contestan: «El pensamiento crítico». Cuando les pregunto cómo lo enseñarían, responden: «Haciendo preguntas sesgadas». «¿De qué manera el uso de preguntas sesgadas enseña el pensamiento crítico?», pregunto. En ese momento me miran perplejos. Queriendo hacerles entender la idea con mis propias «preguntas sesgadas», pregunto: «¿Y qué es, de hecho, el pensamiento crítico?». Aún no he escuchado una respuesta lúcida. Algunos no tardan en darse cuenta de que, pese a todo lo que han oído en sus cursos sobre la importancia del pensamiento crítico, nunca han aprendido a pensar críticamente sobre el denominado «pensamiento crítico» en sí. Supongo que la idea es que el uso de preguntas sesgadas implica cuestionar la validez, exactitud o relevancia de algo. Pero ¿cuál es la utilidad de eso si no sabes encontrar las respuestas a las preguntas sesgadas, o explicarlas dentro del contexto más amplio de la vida cristiana?

El mundo educativo está lleno de términos de moda como «conciencia de sí mismo», «instrucción diferenciada», «aprendizaje centrado en el niño», «instrucción basada en la indagación» y, mi favorita, «aprendizaje basado en el cerebro» (como si existiera un aprendizaje que no ocupa el cerebro). Estos son fácilmente utilizados por muchos educadores cristianos que reflexionan poco sobre lo que significan y el modo en que se relacionan con la educación cristiana. «Pensamiento crítico» es uno de estos términos de moda. ¿Quién no quiere que los alumnos —especialmente los alumnos cristianos— piensen críticamente en un mundo en el que se enfrentan a tantas ideas que compiten entre sí? Queremos que sean capaces de discernir entre la verdad y la mentira, entre el bien y el mal y entre la belleza y la fealdad. Uno supondría que enseñar a los niños a pensar de esta manera implicaría aprender las herramientas básicas de la lógica y la retórica con el fin de fortalecer su capacidad de razonar y argumentar. También sería muy beneficioso que aprendieran lo que los grandes pensadores del pasado han dicho sobre el pensamiento crítico. Sin embargo, por desgracia, no es así.

## La acrítica idea del pensamiento crítico

El pensamiento crítico es un concepto clave tras el paradigma educativo que ha llegado a dominar las facultades de pedagogía occidentales: la educación liberal. Esto no debe confundirse con la educación clásica en artes liberales. Mientras que la educación clásica en artes liberales hace hincapié en el uso correcto de la propia libertad al servicio del prójimo, la educación liberal moderna se esfuerza por liberar a los individuos de todo aquello que obstaculice su consecución de la felicidad personal. Las raíces de este concepto se hallan en la Ilustración con su búsqueda de liberar al ser para desarrollar su potencial en sus propios términos. Jean-Jacques Rousseau (1712-1775) es ampliamente reconocido como el padre de este tipo de pensamiento[1].

Es difícil sobredimensionar el grado en que Rousseau despreciaba el modelo educativo clásico de artes liberales que la Iglesia había utilizado por siglos. En un ensayo «Discurso sobre las ciencias y las artes»[2] afirmó que las artes liberales corrompían a la gente y que su recuperación en el Renacimiento había multiplicado toda clase de males en la sociedad. Hacía que la gente fuera artificial en sus tratos, vanidosa y más servil. Concluyó que «nuestras mentes se han corrompido a medida que las artes y las ciencias han progresado»[3]. Rousseau sostenía que las artes liberales clásicas solo existían a causa del vicio humano. La astronomía nació del «odio, la falsedad y la adulación; la geometría, de la avaricia; la física, de una curiosidad ociosa; e incluso la filosofía moral, del orgullo humano»[4]. La solución era que la sociedad se apartara de las artes liberales y de la Iglesia —que dependía de ellas para educar a sus jóvenes—, y mirara hacia sí misma como fuente de la verdad pura e impoluta.

Las primeras líneas de la famosa obra de Rousseau, *El contrato social* (1762), declaran: «El hombre nace libre y, sin embargo, lo vemos por todas partes encadenado. Quienes se creen amos de los demás no dejan de ser aun más esclavos que los pueblos que gobiernan»[5]. Según Rousseau y las generaciones de discípulos que lo siguieron, el hombre es intrínsecamente bueno. Nace sin pecado y es corrompido por las malas instituciones de la sociedad, la peor de las cuales es la Iglesia. Además, Rousseau creía que la verdad no procedía de la revelación de Dios, sino del interior de cada individuo que, al ser intrínsecamente bueno, tenía igual derecho a la verdad y a la sabiduría que todos los demás.

Sin embargo, esas creencias son contrarias a las doctrinas fundamentales de la fe cristiana. La Iglesia sostiene la verdad bíblica de que los niños nacen pecadores. La verdad, la bondad y la belleza no vienen del interior, sino de Dios. Los cristianos están llamados a servir a Dios y al prójimo, no a sí mismos. Por esta razón, la tarea de los educadores cristianos es moldear a los niños para que nieguen su yo y se conformen a la sabiduría que viene de Dios.

¿Cómo propuso Rousseau abordar este evidente conflicto de creencias? Rechazando la revelación como fuente fiable de conocimiento, desechando el concepto de pecado y despojando a la educación de la influencia cristiana. Él creía que, si esto se lograba, los maestros podrían comenzar a moldear nuevamente a los niños según su naturaleza supuestamente pura. En su obra educativa *Emilio*, Rousseau sostuvo que el propósito de la educación era guiar a los alumnos a través de cinco etapas de desarrollo, a fin de que aprendieran a rechazar la religión con su inherente dependencia de la sabiduría externa, y llegaran a confiar en sus propios impulsos naturales. Si se hace correctamente, alrededor de los veinticinco años los estudiantes alcanzan la «Edad de la Felicidad», el punto en el que son verdaderamente felices porque han aprendido a vivir de acuerdo con su propia naturaleza pura y no dependen de la verdad y la sabiduría de los demás. Se hallan liberados. Escribió: «¿Por qué habríamos de construir nuestra propia felicidad sobre las opiniones de los demás, pudiendo encontrarla en nuestros propios corazones?»[6].

Al parecer, Rousseau tuvo algunas dificultades para descubrir su propia naturaleza pura. Sus «impulsos naturales» lo llevaron a incurrir imprudentemente en una conducta sexual pervertida y a engendrar varios hijos fuera del matrimonio —todos los cuales fueron abandonados por él y murieron en hogares de expósitos—. Podría pensarse que esto por sí solo descalificaría a Rousseau como autoridad sobre la educación y la crianza de los niños, pero el sistema educativo imperante lo trata como un auténtico profeta de la educación moderna[7].

En los escritos de Rousseau se encuentra el código genético de la educación liberal y de casi todas las teorías pedagógicas contemporáneas.

Todas se basan en las mismas premisas y comparten el mismo objetivo: la liberación del alumno para el descubrimiento de su verdadero yo. Los estudiantes son completamente libres de decidir *por sí mismos* lo que es verdadero, bueno y bello. Este punto es crucial para entender a qué se refieren los pedagogos modernos cuando hablan de pensamiento crítico. Para pensar críticamente, los alumnos deben primero rechazarlo todo: todos los conceptos preexistentes de verdad, bondad y belleza, todo lo que se tenga por correcto y virtuoso, cualquier creencia en la pecaminosidad personal y el perdón; en resumen, todo lo que es enseñado por la Iglesia y la familia. Entonces los alumnos pueden empezar a pensar críticamente sobre esos conceptos y adoptar solo los que mejor se adapten a ellos y a su forma de entender la vida.

Para los defensores de la educación liberal, todo lo que se opone al pensamiento crítico se clasifica como adoctrinamiento, un término utilizado deliberadamente para transmitir imágenes de totalitarismo y subyugación del individuo. Como tal, se argumenta que el adoctrinamiento impide que un estudiante practique el pensamiento crítico. A los defensores de la educación liberal no se les escapa que el término se refería originalmente a la enseñanza de la doctrina cristiana y al proceso de catequesis. Consideran que los padres, pastores y profesores que «obligan» a los niños a aprender las confesiones históricas de la Iglesia son los peores infractores.

La influyente filósofa de la educación Meira Levinson defiende enérgicamente esta postura. Al igual que Rousseau, cree que el objetivo de toda educación debe ser la completa autonomía o, como ella lo llama, el «autogobierno». Para conseguirlo, los alumnos deben seguir un proceso de tres etapas. En primer lugar, hay que enseñarles a desvincularse de las verdades y los valores con los que fueron educados. En segundo lugar, deben evaluar independiente y desapasionadamente esas verdades y valores para ver si están de acuerdo con ellos. Por último, son libres de apropiarse solo de las verdades y valores con los que están de acuerdo.

Levinson cree que los agentes más poderosos que obran contra la autonomía del niño son los padres y las escuelas cristianas. Desde su punto de vista, muy a menudo estas autoridades tratan tiránicamente de adoctrinar a los niños en un conjunto predeterminado de valores y creencias que limitan la autonomía. Con un fervor que enorgullecería a cualquier dictador autoritario, Levinson sostiene que el mejor organismo capaz de liberar a los niños de la opresión de tales tiranos es la educación dirigida por el gobierno, cuidadosamente estructurada en torno a los principios de la educación liberal. Cree que solo estas escuelas son capaces de exponer a los niños a otros valores y perspectivas, y de adiestrarlos para considerar que todas las interpretaciones de la realidad y de la verdad son iguales[8]. Este es el secreto para liberar a los niños de la tiranía paterna que los hace creer que solo hay una interpretación correcta de lo que es verdadero, bueno y bello. Aunque Levinson reconoce que el Estado también puede ser tiránico, cuando se trata de saber qué es lo mejor para un niño, es el Estado —no los padres ni la Iglesia— el más indicado para determinar eso y permitir que los niños desarrollen su «verdadera personalidad». Menos participación de los padres y más control gubernamental: esto es lisa y llanamente ingeniería social, y es lo que Levinson considera el ideal[9].

Para los verdaderos creyentes en la educación liberal, este concepto de autonomía es casi un sacramento que da la salvación: no una salvación de la opresión espiritual del pecado, la muerte y el diablo, sino de la idea de que el pecado, la muerte y el diablo siquiera existen. Los adeptos creen que las doctrinas bíblicas son meras construcciones puestas en marcha para restringir la libertad de los niños y retrasar su desarrollo. La promesa es que si uno bebe profundamente del sacramento de la autonomía, disfrutará de una vida de perfecta libertad de ser responsable ante los demás: libertad de la vocación de ser marido o esposa fiel, hijo devoto, empleador piadoso, trabajador leal y cosas por el estilo. También estará libre de tener que negarse a sí mismo, confesar pecados y confiar en la gracia y la misericordia prometidas por un Dios bueno y misericordioso.

Levinson no está sola en su visión negativa de la educación cristiana. El profesor de la Universidad de Illinois, Walter Feinberg, sostiene que casi toda la educación impartida por las escuelas de base religiosa es incompatible con el objetivo «real» de la educación: la autonomía. Afirma que la educación religiosa siempre corre el peligro de ser tiránica y debe ser supervisada por el gobierno para garantizar que los niños no estén siendo excesivamente adoctrinados en los valores que el pedagogo ilustrado considera inapropiados[10]. La profesora de la Facultad de Derecho de Harvard Elizabeth Bartholet sostiene que la escolarización casera es peligrosa por las mismas razones. Después de citar algunos casos extremos de hijos de preparacionistas —como si de alguna manera eso fuera típico de quienes practican la escolarización casera—, afirma que la educación en casa es una amenaza para la democracia estadounidense, declarando: «la cuestión es: ¿creemos que los padres deberían tener un control 24/7, esencialmente autoritario, sobre sus hijos de entre cero y dieciocho años? Creo que siempre es peligroso poner a los poderosos a cargo de los impotentes, y dar a los poderosos autoridad total»[11]. Obviamente, la educación liberal abarca una amplia variedad de puntos de vista, y no todos son tan radicales como los de Levinson, Feinberg y Bartholet; sin embargo, dentro de la clase educativa dominante, muy pocos, si es que hay alguno, expresarán su apoyo a un modelo educativo diseñado para formar a los niños como cristianos fieles y confesionales. Existe un acuerdo casi universal en que la autonomía es el objetivo de toda educación liberal. Es la realización de los deseos más profundos de Rousseau.

Mientras escribía esto, observaba las obras de construcción que se están llevando a cabo en el exterior de mi casa y me di cuenta de lo liberador que debe ser para el hombre cuyo trabajo consiste en sentarse todo el día tras los mandos de una excavadora y llenar camiones de escombros. Gracias a su educación liberal, ha quedado libre de los grilletes del adoctrinamiento que antes lo ataban a su familia, su comunidad y su Iglesia. Sus vocaciones como trabajador, padre y marido ya no son llamados sagrados en los que su propósito es servir a Dios estando al servicio de su empleador y manteniendo fielmente a su familia. Ahora debe entenderse a sí mismo como una persona plenamente autónoma, que debe crear su propio sentido de la vida, el cual será una expresión de su nueva y verdadera personalidad. Quizá no sea responsable de mantener a su mujer y a sus hijos. Quizá ni siquiera necesite estar casado. Quizá sus obligaciones obstaculicen su «verdadera felicidad». Esta autonomía egoísta, otorgada a él por los sacerdotes y sacerdotisas de la educación liberal en instituciones aprobadas por el gobierno, lo hará avanzar a él y al resto de la sociedad hacia una hermandad universal de paz y tranquilidad. Todo esto es bastante tonto.

## Gnosticismo y educación

Anteriormente vimos cómo las ideas gnósticas influyeron en personas como Piaget y Montessori. En realidad, el gnosticismo ha influido en la filosofía educativa mucho más allá de estos dos pensadores. Será útil dar una explicación de los principios básicos del gnosticismo antes de explorar la influencia más amplia de este en la educación.

El gnosticismo fue una de las primeras herejías cristianas, y muchas de sus enseñanzas tienen su origen en el paganismo antiguo. Cuando el gnosticismo entró en contacto con el cristianismo, adoptó la nomenclatura cristiana, simuló el sistema sacramental cristiano y afirmó tener nuevas revelaciones de Cristo.

Según el gnosticismo, el universo comenzó con un dios incognoscible llamado «Mónada». Se encuentra más allá de toda descripción, nombre, categoría y lenguaje humano: cualidades que hacen redundantes las reglas de la gramática y el lenguaje. Existen innumerables emanaciones de la Mónada, llamadas «eones», y juntas forman la plenitud de lo divino, o «pléroma». La «Mónada» nutre al mundo espiritual, pero no es la creadora del mundo material.

Uno de los eones es Sofía, que representa la verdadera sabiduría. Según muchos mitos gnósticos, Sofía deseaba ser esposa de la «Mónada»[12]. En consecuencia, fue expulsada del pléroma y dio a luz a un dios espantoso semejante a un monstruo, el Demiurgo, que recibió el nombre de «Yaldabaoth». Este es el dios que creó el mundo material. Es un dios inferior en el sentido de que es masculino, malvado, caprichoso y, en ocasiones, extremadamente violento. Los gnósticos lo consideran el dios del Antiguo Testamento. Fue Yaldabaoth quien sometió a la gente a las construcciones de una religión corrupta y a un mundo creado. Los gnósticos no buscan la liberación del pecado, sino de la ignorancia de la verdadera naturaleza del mundo. Cuando pasan del mundo oscuro, malvado y material al mundo de la luz, la inmaterialidad y la espiritualidad pura, alcanzan una *gnosis*, el conocimiento salvífico especial por el que conocen su verdadero y genuino yo.

En el gnosticismo tradicional, Lucifer no es considerado malo ni el padre de todas las mentiras. La única razón por la que se lo percibe así es porque la Iglesia cristiana ha impuesto esta concepción a la sociedad. Según los gnósticos, debería ser considerado más como un entrenador o gurú espiritual que trabaja en cooperación con Cristo, utilizando tentaciones y pruebas para desafiar a la gente a liberarse del mundo material.

Pocos pedagogos, y aun menos profesores, comprenden o abrazan abiertamente la doctrina gnóstica. Sin embargo, el gnosticismo ha influido mucho en las filosofías y métodos educativos. El pensamiento gnóstico desempeña un papel integral en las filosofías de pensadores influyentes como Jung, Hegel, Piaget y Montessori. A través de ellos, el gnosticismo ha influido en muchos teóricos de la educación posteriores, la mayoría de los cuales ignoran esta conexión.

La doctrina gnóstica también se ha introducido en las teorías educativas a través de la cultura popular. En películas como *La guerra de las galaxias*, *Matrix* y *Harry Potter*, las ideas gnósticas están integradas en el argumento. En cada una de estas películas, un guía o gurú revela a un neófito un conocimiento o sabiduría secreta. Por lo general, el mundo material se presenta como poco fiable, o maligno, o tal vez como algo que ni siquiera es real. La adquisición de la verdad y la sabiduría no requiere la disciplina de aprender gramática y lógica, o el estudio minucioso de los grandes escritores del pasado. Son adquiridas entrando en contacto con la verdadera sabiduría que reside en el interior de cada persona.

Por ejemplo, en *La guerra de las galaxias*, Luke Skywalker es capaz de apelar a la bondad interior de su padre a pesar de que Darth Vader pasó su vida sirviendo a la oscuridad y es culpable de la matanza despiadada de vidas inocentes. La redención de Vader no proviene de un salvador, sino de escuchar a su gurú (Luke), que puede ponerlo en contacto con su «verdadero yo». Luke guía a Vader fuera de la oscuridad hacia una *gnosis* de la luz y la bondad que yace en su interior. En *Matrix*, Neo es sacado de su ignorancia por Morfeo para que pueda ver el mundo material como lo que realmente es: una construcción digital creada para controlar a las personas y cegarlas ante la realidad.

Los ideales gnósticos impregnan muchas películas infantiles. Un ejemplo es la película de animación *Trolls* (2016). En los cuentos de hadas clásicos, los troles son criaturas malvadas que buscan engañar a los inocentes. El propósito de estos cuentos era enseñar a los niños a ser vigilantes contra el engaño, y a poner su confianza en la verdad que se encuentra en la Palabra de Dios. En esta película, sin embargo, los troles son criaturas lindas y adorables que guían a la gente a comprender la verdad, la bondad y la belleza. Son gurús espirituales que guían a los ignorantes para que encuentren el sentido dentro de sí mismos. El jefe de los troles, Ramón, declara: «La felicidad está dentro de todos nosotros. A veces solo necesitas que alguien te ayude a encontrarla»[13]. El mensaje es que la verdad, la bondad y la belleza no proceden de la Palabra revelada de Dios ni de la sabiduría imperecedera de los escritores clásicos, sino de mirar en lo más profundo de uno mismo. El camino hacia esta verdad interior pasa por un guía, alguien que ya ha sido iluminado.

Puesto que la sociedad ha cortado su conexión con las normas objetivas de la verdad, la bondad y la belleza presentadas en las Escrituras, los maestros y pedagogos han llegado a ser cada vez más susceptibles a los ideales gnósticos presentados en el cine, la televisión, la música y la literatura. Puesto que sus marcadores culturales son de naturaleza gnóstica y transmiten una cosmovisión gnóstica, aquellos que dan forma a la filosofía educativa promovida en las facultades de educación incorporarán el gnosticismo en sus teorías y métodos sin siquiera ser conscientes de ello.

Las ideas presentadas en la pantalla, la página y la música se filtrarán inevitablemente en el aula.

En *Gnostic America*, Peter Burfeind expone un credo seguido por muchas instituciones culturales contemporáneas.

> Soy un Yo absolutamente libre, nacido al azar en el cuerpo que tengo. Mi cuerpo —que es mi posición pero no es esencialmente yo— me coloca en una situación determinada en la que heredo ciertos valores de mis padres, de la Iglesia en la que crecí, de mi país y de mi cultura. A medida que me hago mayor, empiezo a liberarme de esos valores y, o empiezo a descubrir quién soy en verdad, o bien decido crear aquel que seré. Puede que tenga una crisis de identidad en algún momento de este período, pero al final he de ser yo. Esto lo hago tomando mis propias decisiones sobre lo que seré, eligiendo mi propia política, mi propia Iglesia, mis propios estilos, mi propia música, mi propia sexualidad, incluso mi propio género; etc. Sea lo que sea que defina quién soy, esas cosas deben ser libremente elegidas por MÍ. Entiendo la vida como un viaje cuyos caminos son elegidos por uno mismo. Si «allá fuera» hay alguna entidad divina que me guía mientras elijo mi camino, se comunicará conmigo internamente, personalmente. A lo largo de este viaje, puedo contar con la ayuda de ciertos gurús, humanos o no tan humanos. O no[14].

En la Iglesia cristiana, el credo de los Apóstoles cumple una doble función. Expresa la verdadera doctrina de Dios y da forma a la Iglesia como una Iglesia confesante. De forma similar, las afirmaciones de Burfeind tienen casi el estatus de credo en el mundo de la educación, pues conforman la manera en que muchos pedagogos modernos enfocan su tarea. Tal como los teólogos cristianos buscan pruebas que corroboren los credos de la Iglesia, los pedagogos seculares buscan pruebas que respalden la posición de sus propios credos. La diferencia es que, mientras los teólogos ortodoxos tienen claras las posiciones de sus credos, los pedagogos no sienten esa necesidad. Niegan que las teorías tengan un punto de partida «teológico» y que gran parte de la investigación se realice con un sesgo hacia la postura básica de sus credos. Como con cualquier otro credo, se considera herético a todo el que lo contradiga, y quien sostiene la «falsa enseñanza» suele ser rechazado para que sus enseñanzas no infecten a los fieles. Así, en las facultades de pedagogía de Estados Unidos se tiene poca paciencia con quienes defienden un credo diferente —como el credo de los Apóstoles— y cuestionan los paradigmas pedagógicos imperantes. Quienes hacen esto tienen menos probabilidades de ser contratados, no consiguen becas o se los deja sin ayudas para la investigación. De este modo, el sacerdocio se mantiene puro y las doctrinas centrales se conservan íntegras y sin mácula.

Al igual que la educación liberal, la educación de influencia gnóstica considera al yo como la fuente de la verdad, la bondad y la belleza. Cuando los estudiantes están en contacto consigo mismos, tienen acceso al potencial ilimitado del pléroma. No necesitan profesores, padres ni pastores porque la lealtad de estas autoridades a un dios malvado y materialista las ha corrompido. Para esta ideología, el maestro ideal no es aquel que ha leído mucho o discierne lo que es útil y beneficioso para el crecimiento intelectual, moral y espiritual. Los profesores ideales son vistos como facilitadores (o gurús) cuya tarea principal es guiar a los alumnos a mirar hacia el interior y desarrollar sus propias construcciones de la verdad, la bondad y la belleza. El resultado es que los alumnos son dirigidos a interminables tareas de trabajo grupal y autodescubrimiento con la esperanza de que sean capaces de descubrir la sabiduría que yace en su interior[15].

Se deduce, pues, que, con una filosofía así, no sirve de nada enseñar a los alumnos a dominar las reglas de la gramática, delinear correctamente las letras, o construir argumentos convincentes utilizando las reglas establecidas de la lógica basadas en la verdad universal absoluta. Por supuesto, esto los prepararía para estudiar a los grandes escritores, poetas, políticos, líderes militares y teólogos que han dado forma a su mundo, pero enviaría el mensaje de que primero deben mirar fuera de sí mismos para ser verdaderamente sabios. Del mismo modo, sería contraproducente formar a los niños en el uso de las reglas de la gramática y la lógica para comprender al Dios verdadero tal y como se revela a través de la Palabra. Según los gnósticos, esto solo corrompería la capacidad del niño para entrar en contacto con el pléroma. Ellos prefieren que los niños ignoren tales cosas. De este modo, los niños son más capaces de entrar en contacto con su propia sabiduría interior, su propio mundo real y su propio ser auténtico.

Es algo antitético a la naturaleza del gnosticismo que un gnóstico escriba un libro sobre educación. Eso exigiría utilizar medios objetivos (palabras) para transmitir lo que solo se puede conocer subjetivamente[16]. Sin embargo, un gnóstico notable, Samael Aun Weor, ha escrito *Educación fundamental*. Los paralelos entre lo que propone y lo que se enseña en las facultades de pedagogía estadounidenses ilustran cómo los ideales gnósticos se han infiltrado en la filosofía educativa contemporánea. Weor aboga por el rechazo frontal de los padres y los profesores como autoridades ordenadas por Dios. Para él, ellos representan la opresión. Escribe: «Nuestros padres, profesores, tutores, autores, etc. —cada uno a su manera— son dictadores». Son «dictadores de la mente» que se hallan tan «extendidos como la mala hierba» y tienen el objetivo de «esclavizar» la mente y obligarla a vivir según normas predeterminadas[17]. La prioridad del profesor iluminado debe ser proteger a los niños de ser esclavos del conocimiento que otros han determinado como valioso, y liberar sus mentes y espíritus para que exploren y experimenten la verdad por sí mismos. En el proceso, todas las formas de disciplina externa deben ser erradicadas, porque solo entonces «la llama ardiente de la comprensión emerge del interior de la mente»[18].

Para el gnóstico, la educación no consiste en aprender sobre el mundo como Dios lo creó, la naturaleza rebelde del hombre, la redención de la creación caída como una obra de gracia de Dios, o la sabiduría de Dios dada al hombre. Los intereses educativos clásicos en materias de verdad, bondad y belleza eternas son «jaulas» instaladas por personas confinadas en su ignorancia. Según Weor, «es absurdo que los adultos —llenos de prejuicios, pasiones e ideas preconcebidas anticuadas, etc.— atropellen las mentes de los niños y de los jóvenes al intentar moldear sus mentes de acuerdo con sus ideas podridas, tontas y anticuadas»[19]. La educación gnóstica se trata más bien de la experiencia personal, y se debe animar a los estudiantes a encontrar por sí mismos, a su manera, lo que es más significativo para ellos. Para el gnóstico, esto es más importante y digno de confianza que cualquier conocimiento recibido de los grandes pensadores del pasado. Weor amonesta a sus lectores: «Necesitamos urgentemente derribar muros y romper grilletes de acero para ser libres. Tenemos que experimentar por nosotros mismos todo lo que nuestros maestros de escuela y nuestros padres nos han dicho que es bueno y útil»[20].

Todas estas ideas se reflejan en los escritos de Montessori y Piaget: es mucho mejor dejar que los niños aprendan lo que quieren aprender, creando un aula experimental donde, guiados por su propia sabiduría divina, lleguen a comprender lo que es verdadero, bueno y bello para ellos mismos.

La emblemática canción de Pink Floyd, *Another Brick in The Wall*, puede considerarse un himno de este tipo de educación y un rechazo de los métodos clásicos de educación cristiana. El mensaje era que los métodos tradicionales de enseñanza solo eran instrumentos para someter a los niños a medida que eran aporreados por profesores que intentaban despiadadamente limitar la libre expresión de su verdadero yo. El autor de la canción, Roger Waters, sostiene que los niños a los que se enseñan hechos y sabiduría atemporal son víctimas de un control del pensamiento que solo les permite pensar cosas aprobadas por una clase dirigente ciega e ignorante. Usando intencionalmente la doble negación[21], Waters llama a los estudiantes a levantarse contra los profesores y a arrojarlos con su educación clásica a la basura. Los niños rebeldes gritan:

> No necesitamos ninguna educación,
> No necesitamos ningún control del pensamiento,
> Ningún oscuro sarcasmo en el aula.
> Profesores, dejen a los niños en paz.
> ¡Eh, profesores! Dejen a los niños en paz.
> A fin de cuentas, es solo otro ladrillo en la pared.
> A fin de cuentas, no eres más que otro ladrillo en la pared.

La canción contiene todos los principios fundamentales de la pedagogía gnóstica. Los profesores son un obstáculo para el verdadero aprendizaje. La educación clásica, estructurada y basada en contenidos se trata de controlar el pensamiento, y la gramática correcta es una de sus principales armas. Los niños deben ser libres de aprender lo que quieran. El orden y la estructura son agentes de opresión. Si los niños se levantan contra sus profesores y los expulsan, experimentarán una auténtica educación.

# Atacados donde duele

En los siglos XVIII y XIX se desarrollaron simultáneamente dos movimientos en la Iglesia: el racionalismo y el pietismo. El racionalismo exaltó la razón como el medio para comprender a Dios y la verdad sin ayuda de la revelación sobrenatural. Para los racionalistas, las Escrituras eran producto de impulsos humanos, por lo que debían estudiarse del mismo modo que las ciencias naturales. Utilizando la investigación empírica y la racionalidad, se podía identificar qué aspectos de las Escrituras pertenecían o no al cristianismo genuino. El pietismo elevó la espiritualidad interior como el medio para discernir una revelación personal de la voluntad de Dios. Aunque los pietistas sostenían que la Escritura era la revelación de Dios, hicieron mayor hincapié en la revelación subjetiva que se obtenía al estudiar la Escritura. Al principio, ambas cosas parecen no tener relación. El racionalismo parece ser antirreligioso; el pietismo parece ser intensamente religioso. A pesar de ello, los dos movimientos tenían mucho en común. Ambos:

- negaron la importancia de las Escrituras como revelación final de Dios;
- rechazaron la doctrina del pecado original;
- redujeron la importancia de la vida sacramental del cristiano;
- creían que por medio de una reforma educativa podrían crear una sociedad utópica; y
- sostuvieron que el cristianismo confesional era un obstáculo para el sano desarrollo del individuo[1].

Debido a estas similitudes, a veces resulta difícil distinguir quién, entre los principales reformadores educativos del siglo XIX, era pietista y quién racionalista. Por ejemplo, el famoso pedagogo Johann Pestalozzi (1746-1827) escribía a veces como un ardiente pietista. Promovía una fe intensamente personal, desaconsejaba instruir a los niños utilizando catecismos eclesiásticos y mantenía estrechas relaciones con líderes del movimiento pietista. En otras ocasiones, tenía todos los rasgos de un racionalista. Pedía la reestructuración de la sociedad según los ideales de la Ilustración, y alabó la obra de Rousseau, cuyo libro, *Emilio*, permaneció junto a su cama a lo largo de toda su vida. Debido a esta confusión entre pietismo y racionalismo, ambos bandos reclamaron a Pestalozzi como uno de los suyos y sus ideas fueron libremente incorporadas a sus respectivas pedagogías.

La relación entre el racionalismo y el pietismo es útil para comprender la relación entre la educación gnóstica y la educación liberal. Al igual que el racionalismo y el pietismo, podría suponerse que se trata de dos posturas diferentes no relacionadas. El principal interés del gnosticismo parece ser exclusivamente espiritual. Es profundamente místico y exteriormente se ocupa de cuestiones teológicas. Por su parte, la educación liberal muestra poco interés por lo espiritual, y parece ser racionalista, con muchas ideas procedentes de la tradición humanista anticristiana del marxismo. Sin embargo, ambos movimientos beben del mismo pozo intelectual y comparten muchas de las mismas posturas. Ambos rechazan:

- la posibilidad de una verdad dada por revelación;
- la doctrina del pecado original;
- la idea de que las autoridades han sido establecidas por Dios, además de toda doctrina (excepto la propia), por constituir una limitación para el individuo; y
- la creencia de que los niños deben ser adoctrinados en Cristo.

Debido a estos puntos en común, los ideales gnósticos pueden confundirse a menudo con teorías más seculares como la de la educación liberal. Por consiguiente, en las facultades de educación, las teorías de gnósticos como Piaget y Montessori pueden enseñarse junto con las de marxistas como Dewey y Vygotsky sin referencia alguna a sus convicciones teológicas.

El silencio del sistema educativo imperante ante tales posiciones teológicas no hace que estas se desvanezcan. Constituyen las posiciones doctrinales fundamentales que sustentan las teorías, prácticas y materiales promovidos por el sistema educativo imperante. Cada una de estas doctrinas representa un desafío directo a la confesión cristiana y está en desacuerdo con las metas y objetivos de la educación cristiana.

¿Cómo deberían responder un educador, un pastor o un padre cristiano? No basta con que critiquen los métodos o los materiales. Estos solo son expresiones de las doctrinas. Deben ir directo al corazón del asunto y hacer una clara confesión de lo que ellos, como cristianos, enseñan, creen y confiesan dentro del contexto del aula. Entonces será posible examinar las prácticas, métodos y materiales para determinar si refuerzan y apoyan esa confesión, o si la desvirtúan y debilitan.

## El rechazo de la verdad dada por revelación

> «Y esta es la vida eterna: que te conozcan a ti, el único Dios verdadero, y a Jesucristo, a quien has enviado».
>
> Juan 17:3

La idea de que existe algo más grande que nosotros mismos no es un sentimiento que impregne la educación contemporánea. En el mejor de los casos, en los paradigmas educativos, Dios y la religión se consideran un asunto privado e individual que no tiene importancia ni relevancia en lo concerniente a cómo o a qué se debe enseñar. En el peor de los casos, se considera a Dios como un dios malvado y caprichoso, y la religión es responsable de muchos de los males del mundo. Esto por sí solo debería alarmar a los educadores cristianos. Sócrates, en la *República* de Platón, advirtió que no se debía prestar atención a ningún maestro que enseñara que Dios era el autor del mal o de la miseria. Dijo que tal enseñanza no debería «ser dicha, cantada ni oída en verso o en prosa por nadie, viejo o joven, en ninguna comunidad bien ordenada. Tal ficción es suicida, ruinosa, impía»[2]. Pese a tan antigua advertencia, estas mismas creencias impregnan el pensamiento educativo contemporáneo. Se presta poca atención a la posibilidad de que exista un Dios bueno y bondadoso aparte de nosotros, y a que esto pueda repercutir en la forma de enfocar la educación. El hecho mismo de que el sistema educativo insista en que toda teoría y metodología educativa esté basada en «investigación apoyada por pruebas» presupone que el único conocimiento digno de confianza es el que se obtiene a través de la investigación empírica. Esto se conoce como «cientificismo». Por esta razón, las únicas teorías pedagógicas que se consideran válidas son las que se han observado en un entorno de laboratorio. No importa que la Iglesia, por ejemplo, pueda tener dos mil años de experiencia educativa, o que los antiguos hayan proporcionado una gran cantidad de indicaciones sobre cómo deben aprender los niños. No hay ninguna razón para considerar siquiera que pueda haber otras formas de conocimiento, como la filosofía o la revelación, y que el conocimiento obtenido de ellas pueda ser incluso más fiable que lo que el científico social pretende que es la verdad. El cientificismo afirma que la única verdad que puede aprenderse debe existir en el ámbito de la observación humana en un entorno controlado. Se trata de un sistema religioso con el que el sistema educativo está profundamente comprometido[3]. Dado que la razón y los sentidos humanos son los árbitros finales de la verdad, la conclusión de este sistema es que no hay nada más grande que nosotros mismos. Este concepto es único de nuestros tiempos[4].

Durante casi dos milenios, la fuerza motriz de la educación cristiana ha sido que hay alguien más grande que nosotros. Él es el autor de toda sabiduría y verdad, y se ha revelado para que podamos conocerlo a él y su sabiduría. Si los niños han de aprender la verdad y la sabiduría, deben verse a sí mismos como parte de la creación de Dios (al contrario de la educación liberal) y saber que Dios desea tanto la salvación de ellos que envió a su Hijo a este mundo para redimirlo (al contrario de la educación gnóstica).

En el cristianismo ortodoxo, la revelación más completa de la verdad y la sabiduría se encuentra en las Escrituras. Tanto el Antiguo como el Nuevo Testamento revelan a Cristo Jesús, que es la verdad y la sabiduría de Dios hecha carne. El teólogo del siglo XX, Hermann Sasse, citó a Lutero diciendo: «La Sagrada Escritura es la Palabra de Dios, escrita y, por así decirlo, deletreada e ilustrada con letras alfabéticas, del mismo modo que Cristo es la Palabra eterna de Dios tras un velo de humanidad»[5]. Esta unión de Palabra eterna y palabras humanas hace de la Palabra de Dios la revelación sagrada de la Trinidad eterna. Así, solo en Cristo, el Santo Dios trino se hace conocible y descriptible. Uno de los grandes dones de la fe cristiana es que lo incognoscible puede conocerse y explicarse con precisión utilizando palabras humanas. Dios, en su infinita sabiduría, podría haberse revelado al hombre de muchas maneras, pero decidió utilizar palabras humanas. Estas son el medio que Dios ha elegido para comunicarse con nosotros. Esto dota a las palabras de una cierta cualidad sagrada y exige que las utilicemos de manera agradable a Dios. Por esta razón, la educación cristiana ha puesto tradicionalmente mucho énfasis en el dominio del lenguaje, con su uso correcto de las palabras y de las reglas gramaticales. Cuando se las utiliza mal, deshonran a

Dios y alejan de la verdad tanto al que habla como al que escucha. Sin embargo, cuando se usan correctamente, permiten tanto al oyente como al hablante conocer y comprender a Dios y el mundo creado por él. Por esta razón, san Pablo insiste en la necesidad de que los cristianos usen las palabras correctamente, diciendo: «No salga de la boca de ustedes ninguna palabra mala, sino solo la que sea buena para edificación, según la necesidad del momento, para que imparta gracia a los que escuchan» (Efesios 4:29).

La verdad de Dios no se limita a las palabras de las Escrituras. A lo largo de los siglos, la Iglesia ha reconocido que la verdad, dondequiera que se encuentre, procede de Cristo. Cuando se encuentra fuera de las Escrituras —en lo que clásicamente se denominaba «los poetas y los filósofos»—, sigue procediendo de Cristo. La diferencia es que la verdad revelada en las Escrituras conduce al perdón, la vida y la salvación, mientras que la verdad revelada en el mundo no lo hace[6]. Las fábulas de Esopo son ejemplos de este principio. Por mucho tiempo, la Iglesia ha reconocido que, más que cuentos divertidos para niños, las historias comunican verdades valiosas sobre las virtudes y la moral. Las fábulas pueden enseñar eficazmente diversos principios bíblicos. Por esta razón, Lutero recomendó su uso, diciendo:

> Esopo contiene las historias y descripciones más deliciosas. Si se ofrecen las enseñanzas morales a los jóvenes, estas contribuirán mucho a su edificación. En resumen, junto con la Biblia, los escritos de Catón y Esopo son, en mi opinión, los mejores[7].

Evidentemente, Lutero no consideraba que la verdad revelada en Esopo condujera a la salvación, pero sí reconocía que solo podía provenir de Dios. Si toda verdad proviene de Dios, entonces, naturalmente, cuanto más aprendamos de la verdad enseñada por los poetas y filósofos, más apreciaremos la verdad de Cristo revelada claramente en las Escrituras. Y cuanto más apreciemos la Escritura, más seremos capaces de discernir la verdad revelada en los poetas y filósofos.

Una de las grandes percepciones de Lutero fue que Dios, quien se revela en las Escrituras, se oculta también en el mundo. En consecuencia, cuando observamos el mundo a través de las Escrituras, vemos a Dios íntimamente presente y activo. A veces vemos un reflejo de su poder y majestad, o de su sabiduría y belleza, pero nunca es una imagen completa. Observando la creación no podemos aprender la profundidad del pecado, o la encarnación, muerte y resurrección de Cristo, o la naturaleza y obra del Espíritu Santo. Esas cosas solo se encuentran en la Palabra y los sacramentos. Lutero dijo:

> Aunque [Dios] está presente en todas las criaturas y yo podría encontrarlo en la piedra, en el fuego, en el agua o incluso en una cuerda, pues ciertamente está allí, él no desea que lo busque allí separado de la Palabra, y me arroje así al fuego o al agua, o me cuelgue de la cuerda. Él está presente en todas partes, pero no quiere que lo busques a tientas por todas partes. Búscalo más bien donde está la Palabra, y allí lo encontrarás como es debido[8].

¿Qué relación tiene esto con la educación?

A veces la gente quiere restringir la educación cristiana a los parámetros del «aprendizaje bíblico». Una vez, un padre se quejó conmigo porque los profesores de nuestra escuela no utilizaban exclusivamente libros y novelas «cristianos». Él creía erróneamente que la verdad y la sabiduría solo podían encontrarse en la Biblia y que la literatura secular era impía y nunca debía usarse en una escuela cristiana. Otros, y esto es quizás más común en las escuelas contemporáneas, sostienen que la verdad «real» solo se encuentra en el mundo. Buscar la verdad en las Escrituras es una cuestión de convicción personal y es mejor limitarlo a la iglesia y a la escuela dominical. Las escuelas cristianas pueden adoptar involuntariamente este punto de vista al restringir la teología a una clase de religión y un servicio en la capilla, y al adoptar un plan de estudios similar al de las escuelas estatales, que sostienen que la teología no tiene ninguna relación con la pedagogía. Ambas posturas son erróneas. En las Escrituras vemos la verdad de Cristo plenamente revelada; sin embargo, como Dios se halla oculto en el mundo, la verdad presente en el mundo no carece de relación o importancia. Es de ayuda para comprender y apreciar la verdad revelada en las Escrituras, la cual, a su vez, ayuda a comprender y apreciar la verdad aprendida en el mundo. En ambas esferas, Cristo es la fuente de esta verdad y sabiduría. El cristiano utiliza la primera para servir a la segunda, y esta última siempre ilumina a la primera. Esta comprensión también permite un enfoque alegre, e incluso lúdico, del aprendizaje. Es casi como jugar académicamente a «las escondidas». Cuando los niños buscan la verdad, la bondad y la belleza, descubren la sabiduría de Dios escondida en lugares que no esperaban.

Johannes Kepler (1571-1630) es conocido por su trabajo en astronomía y sus teorías sobre el movimiento planetario. Una de sus obras más interesantes y entretenidas es un breve ensayo titulado «Sobre el copo de nieve de seis puntas», que escribió como regalo de Año Nuevo para su mecenas Matthäus Wacker von Wackenfels. En el ensayo, Kepler cuenta cómo un día, mientras atravesaba el puente de Carlos en Praga, un copo de nieve se posó en la manga de su abrigo. Al mirarlo, se preguntó por qué todos los copos de nieve tenían seis brazos de proporciones perfectamente simétricas. ¿A qué se debía, si no había ninguna razón estructural para ello? Juguetonamente, explora varias explicaciones posibles, pero todas resultan insatisfactorias. Sencillamente, no hay razón para que un objeto tan temporal y fugaz como un copo de nieve tenga un diseño tan perfecto. La única respuesta posible es que la estructura del copo de nieve no tiene ningún propósito, al menos desde una perspectiva humana. Es simplemente un producto del carácter juguetón de Dios, un resultado de su obra creadora. Demuestra que él se deleita en el orden de las partes más pequeñas (y fugaces) de la creación[9]. Es un argumento derivado del primer artículo del credo de los Apóstoles. Kepler pudo llegar a esta conclusión porque reconoció la armonía entre la verdad del mundo y la verdad de las Escrituras. Sus conclusiones sobre la belleza del copo de nieve tenían que estar de acuerdo con la verdad revelada en las Escrituras. Puesto que la verdad no puede contradecirse a sí misma, si lo que se aprende en el mundo concuerda con lo que se presenta en las Escrituras, es de Cristo. Si contradice a la Escritura, es falso y no puede ser de Cristo. Así, san Agustín escribió de manera célebre:

> Pues no deberíamos negarnos a aprender las letras porque se diga que fueron descubiertas por Mercurio; ni deberíamos renunciar a la justicia y a la virtud porque hayan dedicado templos a la Justicia y a la Virtud, y prefieran adorar en forma de piedras cosas que deberían tener su lugar en el corazón. Más bien, que todo buen y verdadero cristiano entienda que, dondequiera que se encuentre la verdad, pertenece a su Maestro[10].

Los cristianos aman el verdadero aprendizaje porque los aleja de los dioses falsos —especialmente del dios del yo, que no puede sino mentir y engañar— y los acerca al Dios verdadero que creó el mundo y todo lo que hay en él.

## El rechazo del pecado original

> «Porque yo reconozco mis transgresiones,
> y mi pecado está siempre delante de mí».
> Salmo 51:3

Desde los tiempos de Jean-Jacques Rousseau, una premisa básica de la Ilustración ha sido la negación del pecado original. Durante los últimos trescientos años, racionalistas, pietistas, gnósticos, místicos, marxistas y neomarxistas han enseñado tenazmente que los niños nacen inocentes y puros. Pero si esto es cierto, ¿por qué siguen actuando de forma egoísta? Los teóricos dirían que deben de haber aprendido este comportamiento de algo o alguien. En consecuencia, ¿qué, o quién tiene la culpa de esta corrupción? Los pedagogos no están dispuestos a culpar a sus propios enfoques egocéntricos, de manera que la culpa recae invariablemente en los padres, las Iglesias y las comunidades. Pero, según estos «sabios» iluminados, no todo está perdido. Si los niños han aprendido la corrupción de estas instituciones, es posible que puedan desaprenderla. Así, los pedagogos contemporáneos, con un optimismo inagotable, buscan los métodos más recientes para enseñar a los niños a rechazar estas influencias y a actuar de acuerdo con su supuesta inocencia natural.

En las aulas contemporáneas, esto se manifiesta en lo que equivale a un credo pedagógico que insiste en que los niños deben ser elogiados y recompensados por todo lo que hacen, y que el educador debe evitar todo lo que les cause dificultades o sufrimiento. Las aulas deben ser incubadoras de autoestima donde los niños se vean inundados por un flujo constante de afirmaciones positivas. A veces, esto se lleva a extremos ridículos. Los profesores no deben utilizar bolígrafos rojos para corregir los exámenes porque el color rojo es demasiado amenazante. En las clases de gimnasia no se pueden emplear juegos con eliminación de participantes, o siquiera juegos con puntuación, por temor a dañar la autoestima del niño[11]. Los profesores deben utilizar un lenguaje afirmativo e integrador a fin de que los alumnos se sientan capaces. Todo esto surge de la creencia de que, si utilizamos los métodos correctos, los niños se despojarán de su mal comportamiento (o al menos, de lo que los pedagogos hayan considerado malo) y alcanzarán un nivel correspondiente de rectitud. Rousseau, Pestalozzi, Froebel, Dewey, Piaget, Montessori, Vygotsky y los muchos que los han seguido han afirmado haber descubierto la manera perfecta de lograrlo, pero todos han fracasado rotundamente. Pese a someter a los niños a sus prodigiosas investigaciones y métodos innovadores, los niños siguen siendo igual de pecadores, y la sociedad está igual de corrompida que antes de que comenzara el experimento de la Ilustración[12].

«Yo nací en iniquidad, y en pecado me concibió mi madre» (Salmo 51:5). El salmista no podría haberlo expresado de forma más concisa. Los niños nacen pecadores. Un recién nacido puede hacer muy poco por sí mismo, pero aun antes de que pueda cometer cualquier acto pecaminoso, ha sido concebido como un pecador profundamente caído. El corazón de un niño está tan corrompido que, a medida que crezca y desarrolle más «autonomía» —lo que la educación liberal valora por encima de todo—, utilizará esa autonomía para pecar. Los niños, al igual que sus padres, tienen corazones curvados sobre sí mismos, y naturalmente buscarán lo propio a expensas de su prójimo y de la ley de Dios. De hecho, aún no conozco a ningún padre que haya tenido que enseñar a su hijo a hacer algo incorrecto. Esa capacidad está incorporada en ellos desde el momento de su concepción.

Esto no quiere decir que los niños sean «malos». Aunque puedan comportarse mal o cometer actos pecaminosos, como creaciones de Dios son inherentemente capaces de discernir el bien del mal, la verdad de la falsedad y la belleza de la fealdad —en resumen, tienen la capacidad de conocer a Dios mismo—. Sin embargo, debido a la caída en el pecado, su naturaleza está tan corrompida que su deseo estará siempre orientado hacia lo que es contrario a Dios. Es cierto que se puede y se debe enseñar a los niños a ser amables, generosos, respetuosos, y cosas por el estilo. Los teólogos llaman a esto rectitud cívica. Sin embargo, a pesar de este adiestramiento, la cuestión central —el pecado— sigue sin abordarse, pues está profundamente arraigada en sus corazones.

Aquí es donde entra en juego el bautismo, que transforma lo aparentemente imposible en realidad. Los niños, nacidos otra vez a través de las aguas sagradas, son apartados para ser «linaje escogido, real sacerdocio, nación santa, pueblo adquirido para posesión de Dios» (1 Pedro 2:9) y, en tal calidad, se les da una nueva vida. En el bautismo, obtienen perdón y, en fe, pueden mirar a Dios con un corazón renovado, eligiendo el uso de lo bueno, lo verdadero y lo bello mientras sirven a su prójimo en amor cristiano. Esto no es perfeccionismo. Aun después de su bautismo, los niños siguen siendo pecadores profundamente caídos, capaces de los pecados más caprichosos, pero son también santos redimidos que pueden usar la rica misericordia de Cristo para el bien de los demás.

Esta dicotomía espiritual —el bautizado como pecador y santo al mismo tiempo— proporciona un enfoque muy realista y sensato de la educación. Los niños, como los adultos, siempre lucharán con el pecado. A veces serán groseros y egoístas. Pueden ser perezosos, orgullosos, fanfarrones y tratarse muy mal entre ellos. Algunos pueden ser mejores que otros para encubrir su pecado, y algunos sobresaldrán en disfrazar su pecado de rectitud. En esos momentos, el educador recordará que todos son igualmente pecadores y que nunca ha habido, ni habrá, una teoría educativa capaz de cambiar ese hecho. Los niños siempre necesitarán reprensión, corrección, disciplina y orientación. Se les debe enseñar la ley que sacará sus pecados a la luz y los ayudará a darse cuenta de cómo han fallado en su vocación de estudiante e hijo o hija. Esto no quiere decir que un maestro nunca deba elogiar a un niño. Lejos de ello. Los niños deben ser elogiados cuando han logrado algo digno de elogio. Este es un principio que los educadores a lo largo de la historia han reconocido; sin embargo, cuando la alabanza se utiliza hasta el punto de negar la naturaleza pecaminosa de un niño, y cuando nunca se los confronta con el hecho de que han fallado en su vocación, eso equivale a rehusarse a utilizar adecuadamente la ley para su propósito previsto. Eso es espiritualmente tóxico para el niño.

Las escuelas deben ser lugares donde los niños aprendan los efectos de la ley, pero de forma mesurada. Se podría hacer una comparación con el entrenamiento militar básico. Los reclutas están expuestos a penurias: dormir poco, la disciplina de hacer las camas, lustrar las botas y cosas por el estilo. Aprenden a permanecer inmóviles en la oscuridad y el frío durante horas, y practican batallas simuladas en las que atacan y son atacados. En el adiestramiento militar moderno, esto no se hace de golpe, sino gradualmente, para que los soldados aprendan poco a poco a enfrentarse a estas cosas en un entorno controlado. El propósito es darles las herramientas emocionales y psicológicas para hacer frente a las dificultades que se encuentran en el campo de batalla. No estoy sugiriendo que los estudiantes deban ser tratados como reclutas en un campo de entrenamiento y que el profesor deba actuar como un sargento[13]. De ninguna manera. Sin embargo, en el aula cristiana, los estudiantes deben aprender sobre la naturaleza de su propio pecado y ser confrontados con las consecuencias de este en un ambiente seguro y controlado. El propósito no es rebajar a los niños. Eso sería contrario a su posición como santos redimidos de Dios. La idea es prepararlos para una vida vivida bajo la cruz: una vida de arrepentimiento y perdón. Cuando se hace correctamente, los niños tienen las herramientas espirituales para tratar con el pecado cuando este se manifiesta en el calor de sus propias batallas espirituales. A medida que la ley los acuse de pecado, serán conducidos de vuelta al perdón de Cristo.

A menudo las escuelas se anuncian con eslóganes como «Enseñamos a su hijo a triunfar». Quizá un buen eslogan publicitario para una escuela cristiana sería «Enseñamos a su hijo a fracasar». Es cierto que pocos padres se sentirían atraídos a matricular a sus hijos en una escuela así, pero en realidad, esto es lo que los niños cristianos necesitan. La educación contemporánea, con sus interminables recompensas y afirmaciones positivas, hace que los niños crean que en la vida solo deberían esperar el éxito. La realidad de la vida es que está llena de fracasos y dificultades, a menudo derivados de nuestro propio pecado. Afrontar estos fracasos es muy difícil, pero crucial. El fracaso nos enseña que no tenemos un potencial ilimitado, sino que dependemos total y completamente de la misericordia de un Dios que perdona. Por lo tanto, hay que enseñar a los niños a afrontar los fracasos y las dificultades y a entender esto en términos de la ley y el evangelio de Dios.

## El rechazo de las autoridades instituidas por Dios

> «Sométase toda persona a las autoridades que gobiernan. Porque no hay autoridad sino de Dios, y las que existen, por Dios son constituidas».
>
> Romanos 13:1

Una de las percepciones singulares de Lutero es el reconocimiento de que Dios ha ordenado la sociedad en torno a tres instituciones o estamentos —la Iglesia, la familia y el gobierno— como el medio por el cual él provee para su pueblo, y este, a su vez, puede servir a su prójimo. Estos estamentos comparten tres características. En primer lugar, son instituidos divinamente y, como tales, en última instancia son responsables delante de Dios como su fuente de autoridad. En segundo lugar, cada uno posee una jerarquía u orden particular, designado para organizar la vida del cristiano en forma tal que pueda vivir con seguridad bajo el cuidado providencial de Dios. Por último, cada uno tiene una función única que es necesaria para el bienestar de la sociedad. Cada uno es un conducto para el cuidado providencial de los seres humanos por parte de Dios; un canal a través del cual él obra por el bien de todas las personas.

No es casualidad que los pedagogos modernos, en su afán de perfeccionar la sociedad, sostengan que cada uno de estos estamentos debe ser barrido y luego vuelto a crear según sus visiones utópicas. Este es un motor clave de los planes de estudio y los métodos modernos. El hecho de que conceptos como «jerarquía», «orden» y «autoridad» suenen estridentes al oído moderno es un testimonio de la eficacia de estos esfuerzos. En otros tiempos, estos conceptos se consideraban positivos. Se consideraban necesarios para el buen funcionamiento de la sociedad. Ahora han sido exitosamente transformados en palabras de opresión y sufrimiento; agentes de muchos de los males de la sociedad. A la luz de esto, el educador cristiano debe estar especialmente alerta. Si se espera que los niños miren a Dios con fe y a su prójimo con amor, se les debe enseñar cómo estos estamentos agradan a Dios.

## *El estamento de la Iglesia*

Yo solía impartir un curso de Introducción a la Religión para estudiantes universitarios de primer año. Al principio del semestre, empezaba con el comentario: «A lo largo de la historia, la Iglesia ha hecho más mal que bien: ¿De acuerdo, o en desacuerdo?». Por lo general, entre el sesenta y el setenta por ciento de la clase estaba de acuerdo con esta afirmación, y esto en una universidad cristiana. La mayoría de los estudiantes ignoraban que, a lo largo de los siglos, la Iglesia ha alimentado a los pobres y a las viudas, ha fundado hospitales, escuelas y universidades, y ha actuado como una fuerza de bien social. Estos estudiantes, que habían sido catequizados a fondo en la filosofía de John Dewey y Lev Vygotsky, creían que la Iglesia era una institución humana que controlaba y oprimía las vidas de millones de personas pobres e ignorantes. Era esencialmente una institución corrupta responsable de gran parte del mal del mundo[14]. Este es un ejemplo elocuente de cuán eficazmente las filosofías educativas imperantes han moldeado la visión que los alumnos tienen del mundo.

Los niños cristianos necesitan aprender algo diferente. La Iglesia contra la que predicaron Vygotsky y Dewey sencillamente no existe. Lo que sí existe es la Iglesia de Cristo. Las Escrituras describen esta Iglesia presentada a Dios «en toda su gloria, sin que tenga mancha ni arruga ni cosa semejante, sino [...] santa e inmaculada» (Ef 5:27). Es santa y sin mancha porque fue instituida divinamente; fue llamada a la existencia por Cristo. Dentro de esta Iglesia se halla la jerarquía de pastores y personas. No es una jerarquía de poder, sino de misericordia. A los pastores se les ha confiado la tarea de pastorear y cuidar del pueblo de Dios. Deben pronunciar palabras de absolución, predicar la misericordia divina y distribuir el perdón a través de los sacramentos. El pueblo mira a su pastor, no en obediencia ciega, sino confiando en que las palabras que habla son las del propio Buen Pastor. Mediante esta jerarquía divina, se cumple la función única de este estamento. Los pecadores son llevados al pie de la cruz, donde Cristo los libera del pecado, de la culpa, de la opresión del maligno y de la maldición de la tumba. Si bien es cierto que personas malvadas han cometido pecados en nombre de la Iglesia, esto no niega sus orígenes como institución divina, ni su jerarquía o función.

La tarea de los educadores cristianos es enseñar a los alumnos que la Iglesia es un estamento que obra el bien en el mundo. Es el único lugar donde se puede encontrar el perdón de los pecados, y donde el trato con las personas se basa en el amor y la compasión divinos. La forma más obvia de lograr esto es en la vida de adoración de la escuela, particularmente durante el servicio en la capilla. A menudo, los servicios en la capilla de la escuela guardan poca semejanza con lo que la Iglesia hace en el resto de su vida de adoración. Suelen reducirse a simples canciones bíblicas infantiles acompañadas de historias o charlas diseñadas para divertir a los niños. Pero ¿qué comunica un servicio así? ¿Ven los niños la Iglesia como una institución divina que existe por mandato de Cristo? ¿Ven al pastor como un subpastor llamado y ordenado por Cristo? ¿Aprenden que la Iglesia es un estamento sagrado que existe para el perdón de los pecados? ¿O ven a la Iglesia desde una perspectiva secular, como una organización creada por personas que existe para entretenerlas o hacer que se sientan mejor consigo mismas? Durante dos milenios, la Iglesia ha desarrollado liturgias e himnos que apuntan a Cristo y al perdón de los pecados, enseñan las Escrituras en toda su belleza y forman una comprensión correcta de la naturaleza y el propósito de la Iglesia. Teniendo esto en cuenta, es absurdo que un educador cristiano quiera colgarse una guitarra y simplemente enseñar a los niños canciones bíblicas infantiles trilladas o lo último en música popular cristiana. Es mucho mejor recurrir a las ricas, antiguas e intemporales liturgias e himnos con el fin de alimentar en los niños el amor por la «Iglesia cristiana que es una, santa y apostólica».

## El estamento del gobierno

Los evolucionistas sociales del mundo educativo nos quieren hacer creer que estamos progresando hacia un mundo mejor en el que se eliminarán todas las injusticias y desigualdades. Según ellos, el agente para lograr este mundo utópico es el gobierno. Por esta razón, la educación dirigida por el gobierno es crucial como resistencia contra la promoción de las escuelas cristianas privadas. Solo en las escuelas dirigidas por burócratas financiados por el gobierno se adoctrinará adecuadamente a los niños para eliminar todos los males: el racismo, el sexismo, el sectarismo y cualquier otra cosa que los iluminados consideren una amenaza para el progreso. Cabe señalar que aquí se da una especie de paradoja. El marxismo sostiene que los gobiernos son intrínsecamente malos y responsables de la opresión de las innumerables masas. Por lo tanto, ¿cómo puede el gobierno ser el agente del bien y, al mismo tiempo, el agente de la opresión? Para muchos, la solución está en culpar a los líderes cristianos, en su mayoría hombres blancos, que históricamente han tenido demasiado control. Si su voz puede ser eliminada, o al menos silenciada, entonces el gobierno podrá ser reformado y capacitado para desarrollar una sociedad perfeccionada de acuerdo con un conjunto de ideales predeterminados de igualdad y tolerancia. Bajo semejante gobierno, todos deberían tener el mismo poder y la misma voz, excepto quienes critican a las élites educativas ilustradas[15].

No es así en absoluto como las Escrituras describen el mundo o el gobierno. Desde la caída de Adán y Eva, el pecado ha sido la fuerza normativa que asegura el predominio de la injusticia y la desigualdad. Para evitar que esto se convierta en un caos, Dios ha instituido gobiernos terrenales. La jerarquía de este estamento consiste en gobernantes y gobernados. Los gobernantes son los representantes de Dios, y su autoridad no proviene del pueblo —como a menudo se afirma—, sino de Dios. Los gobernados, como parte de su vocación cristiana, deben rendir honor y respeto a sus gobernantes, y servirlos humilde y fielmente. La función de este estamento es promulgar y hacer cumplir las leyes para mantener el orden, proveer a todas las personas y permitir la libre proclamación del evangelio por parte de la Iglesia. Lutero, en su *Sermón sobre el envío de los niños a la escuela*, alabó este poder, diciendo:

> El gobierno terrenal es una ordenanza gloriosa y un espléndido don de Dios, que lo ha instituido y establecido y quiere que se mantenga como algo imprescindible para los hombres. Si no hubiera un gobierno terrenal, los hombres no permanecerían unos delante de otros; necesariamente cada uno devoraría al otro, tal como las bestias irracionales se devoran entre ellas[16].

Es cierto que, a veces, hombres malvados utilizan el gobierno de forma perversa y tiránica, pero eso no niega el estamento. Aun los gobiernos corruptos son instituciones de Dios. Los niños cristianos necesitan ver esto y aprender que parte de su vocación es ser ciudadanos fieles que hacen lo que pueden para apoyar un gobierno bueno y honesto. Esta necesidad es especialmente aguda en el clima actual de disfunción gubernamental y desintegración social. Las escuelas cristianas deben formar a los niños para que puedan ocupar su lugar como líderes virtuosos en el gobierno, los negocios y la ley, y ejercer su vocación con sabiduría y humildad cristianas. Lutero continuó diciendo:

> Todas estas grandes obras las puede hacer tu hijo. Puede llegar a ser una persona así de útil si lo mantienes en ello y procuras que se eduque. Y tú puedes tener parte en todo esto e invertir tu dinero de manera provechosa. Para ti debería ser un motivo de gran honor y satisfacción ver a tu hijo como un ángel en el imperio y como apóstol del emperador, piedra angular y baluarte de la paz temporal en la tierra, sabiendo con certeza que Dios así lo considera y que realmente es verdad. Pues aunque tales obras no hacen justos a los hombres ante Dios ni los salvan, es un gozo y un consuelo saber que estas obras agradan enormemente a Dios, y tanto más cuando semejante hombre es creyente y se halla en el reino de Cristo, pues con ello agradece a Dios sus beneficios, trayéndole la mejor ofrenda de gratitud, el más alto servicio[17].

## *El estamento de la familia*

Para gran disgusto de quienes creen que la educación dirigida por el gobierno es la única forma aceptable de criar a los hijos, las Escrituras no contienen ningún mandato del tipo «Gobiernos, eduquen a sus niños en la disciplina e instrucción del Señor». Ese deber corresponde a los padres en el ámbito de la familia. Al igual que los estamentos de la Iglesia y el gobierno, el de la familia es de institución divina. Sus orígenes se remontan al huerto del Edén, donde Dios unió a Adán y Eva como marido y mujer y les dio la orden de ser fecundos y multiplicarse (Gn 1:28). La jerarquía, en este caso, está formada por padres e hijos. Su función es educar y criar a los hijos en la sabiduría de Cristo. Este estamento opera bajo el cuarto mandamiento: «Honra a tu padre y a tu madre», que, como explicó Lutero en el *Catecismo menor*, significa que los hijos no deben despreciar ni enfadar a sus padres, sino «honrarlos, servirlos y obedecerlos, amarlos y apreciarlos». Así pues, a los hijos se les ordena honrar a sus padres porque Dios les ha dado ese lugar. Al obedecer este mandamiento, honran también a Dios.

El oficio de maestro, como extensión del oficio paterno, entra dentro del cuarto mandamiento. Los maestros funcionan en el lugar de los padres, proporcionando aquellos aspectos de la educación del niño que los padres no pueden. Por lo tanto, cuando los alumnos honran, sirven, obedecen, aman y aprecian a sus maestros, están haciendo algo muy agradable a Dios.

Teniendo esto en cuenta, es muy mala idea tratar a los niños como si fueran pares de los padres, asociados de los profesores o autoridades responsables de qué y cómo deben aprender. Sin embargo, esto es exactamente lo que exigen las «mejores prácticas» pedagógicas imperantes. Se enseña a los niños a creer que no deben buscar la verdad, la bondad y la belleza en sus profesores, sino en ellos mismos (Piaget) o en sus compañeros (Vygotsky). Y así, los profesores deben asumir el papel de facilitadores en el aula o entrenadores de aprendizaje. Según un eslogan educativo popular, los profesores no deben ser los «sabios arriba del escenario» sino los «guías que están a tu lado».

Si los profesores deben ser guías, ¿quiénes son los sabios? Según la pedagogía moderna, son los niños. Y así, se anima a los niños a diseñar su propio plan de estudios, determinar sus propios estilos de aprendizaje e incluso establecer sus propias normas para la clase. Un autor recomienda que los alumnos redacten su propia constitución para la clase, la cual el profesor debería comprometerse a respetar[18]. El mensaje que se transmite a los niños es que el cuarto mandamiento no se aplica realmente a ellos, que el estamento de la familia no es importante para su bienestar, y que pueden, impunemente, rebelarse contra el orden instituido por Dios. Además, priva a los niños de la oportunidad de llevar a cabo su vocación sirviendo fielmente a los supervisores que Dios les ha dado —padres y maestros—, y los carga injustamente con una función y una responsabilidad que no les corresponde. Mientras tanto, padres y maestros son absueltos de sus responsabilidades bajo la excusa de que, con ello, están «empoderando a los niños». Los niños no necesitan empoderamiento. Necesitan formación, orientación, dirección, instrucción, normas claras y amonestación cariñosa. San Pablo dijo: «Honra a tu padre y a tu madre (que es el primer mandamiento con promesa), para que te vaya bien, y para que tengas larga vida sobre la tierra» (Ef 6:2-3). Los denominados filósofos pedagógicos «iluminados» quieren que los niños hagan caso omiso de este mandamiento. Sin embargo, con ello, también los despojan de esta promesa.

## El rechazo de la catequesis cristiana

> «Enseña lo que está de acuerdo con la sana doctrina».
>
> Tito 2:1

En 1517, Lutero publicó sus famosas 95 tesis en la Iglesia del Castillo, en Wittenberg. Nueve de ellas empezaban con las palabras: «A los cristianos se les debe enseñar». Estas palabras lanzaron literalmente la Reforma. En los años siguientes, los evangélicos crearon escuelas por la convicción de que Cristo había ordenado a los padres, pastores y maestros que adoctrinaran a los niños. En el centro de la tarea de cualquier escuela cristiana está enseñar a los niños los dones del perdón, la vida y la salvación. Los defensores de la educación moderna rechazan esto. Sostienen que la enseñanza clara y precisa de la doctrina restringe la capacidad del niño para pensar libremente, lo que produce una fe inauténtica. El adoctrinamiento es tabú. Tales afirmaciones son no solo ridículas, sino también crueles. Supongamos que una persona necesita indicaciones para llegar a algún sitio. Nadie le diría: «Tu ruta debe ser auténtica para ti, así que no te diré cómo llegar a destino. En lugar de eso, debes descubrir tu propio camino singular» —en esencia, «encuentra tu propio camino»—. No obstante, esto es exactamente lo que defiende gran parte de la pedagogía contemporánea; siempre se debe permitir a los niños descubrir la verdad por sí mismos a su manera; se los debe consolidar en su comprensión y apoyar en cualquier creencia que hayan formulado. Se prohíbe que los profesores impartan enseñanzas claras a los niños sobre cómo deben vivir o en qué deben creer. Además, un profesor no debe corregir a un niño que tiene una creencia falsa o está en un error, pues de lo contrario el profesor impondría sus propias creencias al niño.

Afirmar que el adoctrinamiento cristiano limita la libertad, o que su enseñanza retrasa la capacidad de tener una fe genuina, no solo es malentender la naturaleza de la fe, sino también rechazar a Cristo y la libertad que solo él ofrece del pecado, la muerte y el diablo. Es a través de esa misma doctrina que Cristo logra todas estas cosas. Lutero dijo: «La vida es engendrada y modelada por la doctrina»[19]. En otras palabras, mediante la doctrina del perdón de los pecados, los cristianos son perdonados de sus pecados. A través de la doctrina de la resurrección de Cristo, los cristianos son levantados de la muerte. A través de la doctrina de la victoria de Cristo, a los cristianos se les da la victoria sobre el diablo. Cuanto más se haya «adoctrinado» a un cristiano en la fe cristiana, más podrá disfrutar de los frutos de esa fe y esta lo defenderá mejor de los enemigos que intentan destruir la fe. En realidad, no es la Iglesia la culpable de limitar la autonomía del niño, sino los educadores liberales, que advierten a voz en grito contra los males del adoctrinamiento. Al silenciar todas las demás voces —la familia, la comunidad y la Iglesia—, dejan a los niños expuestos a un solo punto de vista: el que ha sido autorizado por los educadores aprobados por el gobierno. Sin embargo, por mucho que hablen en contra del adoctrinamiento, la filosofía que defienden es precisamente un impedimento para que los niños consideren seriamente cualquier otra cosa. Basta con preguntar a los adolescentes sobre temas como el papel del gobierno, la libertad personal, la naturaleza de la sexualidad humana o el fin de la vida, y estas personas supuestamente autónomas casi siempre responderán con lo que puede debidamente llamarse «la línea del partido».

Un adecuado adoctrinamiento en Cristo conduce a la autonomía más perfecta posible. Una verdad fundamental de la fe cristiana es que, sin Cristo, las personas son esclavas de la ley de Dios, que exige obediencia y amenaza con castigos. Los esfuerzos por alcanzar una justicia de manera autónoma al margen de Cristo siempre quedarán por debajo de las exigencias de la ley. El resultado es que, en lugar de alcanzar una verdadera autonomía, la persona acaba siendo esclava de la ley. La respuesta para el pedagogo moderno es desechar la ley, que restringe el libre ejercicio de la autonomía de las personas, crea luchas de poder, induce a la culpa y es responsable de muchos de los males de la sociedad. El problema de este planteamiento es que pone la culpa donde no debe. La fuente de la miseria no es la ley de Dios, sino el infractor de la ley. Para liberarse verdaderamente de la ley, el infractor debe acudir con fe a aquel que cumple la ley, es decir, a Cristo. Él libera a las personas de las maldiciones resultantes de la desobediencia, y da una vida de perfecta libertad bajo su gracia. La Iglesia llama «catequesis» a este proceso de volverse a Cristo en arrepentimiento.

La catequesis es radicalmente diferente de lo que los pedagogos seculares llaman «desarrollo de la fe». Hay innumerables libros y artículos de revistas sobre la forma en que los niños entienden la fe y la manera en que la fe cristiana debe desarrollarse en ellos. Los autores hablan del desarrollo de la fe tal como se hablaría del revelado de un rollo de película de 35 milímetros. Si los niños son adecuadamente expuestos a las ideas correctas en un entorno de aprendizaje apropiado, desarrollarán una fe auténtica y genuina.

En la mayoría de las facultades cristianas, los profesores suelen asistir a un curso de métodos en el que aprenden a aplicar estrategias de instrucción, basadas en la psicología educativa del desarrollo, a la tarea de enseñar la santa fe cristiana. Por consiguiente, la mayoría de las escuelas cristianas tienen una «clase de religión» en la que la enseñanza de la fe se trata igual que cualquier otra asignatura. Los profesores son instruidos para que, en la enseñanza de la religión, utilicen las mismas técnicas, métodos e incluso herramientas de evaluación que en la enseñanza de la ortografía, las matemáticas o la geografía[20]. Los teóricos del desarrollo de la fe no tienen ningún problema con esto porque, en general, ven la fe como un fenómeno psicológico universal que puede clasificarse en diferentes etapas de desarrollo[21]. Como creen que la fe tiene sus raíces en el individuo, no ven nada particularmente único en la fe cristiana. De hecho, en muchos libros sobre la enseñanza de la religión, podría tacharse cualquier referencia a Cristo, sustituirla por el nombre de Mahoma, y no habría gran diferencia.

La Escritura no es tan ambivalente. Lejos de ser un fenómeno psicológico, la fe se describe como algo bastante ajeno. En la teología clásica, la fe se describe de dos maneras: *fides quae creditur* («la fe que se cree») y *fides qua creditur* («la fe que cree»). La *fides quae* es la fe cristiana que enseñan los credos y las confesiones de la Iglesia. Es el patrimonio de la Iglesia que debe transmitirse de generación en generación. A medida que se enseña esa fe, el Espíritu Santo, obrando a través de medios divinamente designados, obra la *fides qua* en el individuo que se aferra a Cristo y a la *fides quae*. Es cierto que esta fe nos afecta psicológica y sociológicamente. En este sentido, se puede hablar de tener una «fe grande», una «fe débil» o una «fe alegre», pero estas solo son respuestas a la fides qua que se ha implantado en el cristiano. La tarea del educador cristiano no es hacer de estas respuestas el centro de la catequesis, ni crear el ambiente de aula ideal en el que los niños muestren la respuesta adecuada, sea cual sea. Se trata de catequizar a los niños de Cristo para que se aferren a la única fe que salva (*fides quae*) en los momentos de tristeza, debilidad o alegría.

El patrón para este proceso de moldeado no fue determinado por un investigador secular, sino por la Santa Iglesia cristiana. La investigación secular puede ser útil para explicar lo que hace la Iglesia, o para obtener una perspectiva diferente de la tarea, pero al final es la Iglesia, con más de dos mil años de experiencia en catequizar cristianos, la mejor equipada para determinar la sustancia y los métodos de este trabajo.

En el prefacio de su *Catecismo mayor*, Lutero escribió sobre la naturaleza de su propia catequesis:

> Pero esto diré de mí mismo: yo también soy doctor y predicador, tan erudito y experimentado como todos ellos, que son tan altos y poderosos. Sin embargo, cada mañana, y cada vez que tengo tiempo, hago como un niño a quien están enseñando el catecismo, y leo y recito,

palabra por palabra, el padrenuestro, los diez mandamientos, el credo, los Salmos, etc. Aún debo leer y estudiar el catecismo a diario, y sin embargo, no puedo dominarlo como quisiera sino que debo seguir siendo niño y alumno del catecismo, lo cual también hago con gusto[22].

Lutero se muestra utilizando la imagen de un niño sentado a los pies de su maestro, deseoso y dispuesto a aprender. ¿Qué necesita aprender este niño/alumno Lutero? Está claro que no necesita aprender más información. Hace tiempo que ha memorizado y dominado las sencillas palabras del catecismo y los Salmos. Lo que el niño/alumno Lutero necesitaba era aprender cada día sobre su pecado y la gracia de Dios. A medida que oraba o meditaba en las palabras de las Escrituras, contenidas en el catecismo y los Salmos, Cristo obraba para darle a Lutero lo que este más necesitaba. A través de la ley, era declarado culpable de su pecado, y a través del evangelio, dicho pecado era perdonado. Este, pues, es el núcleo de la catequesis cristiana: una meditación en la Palabra de Dios, cuyo resultado es la declaración de culpabilidad a través de la ley y el perdón a través del evangelio.

En este sentido, la catequesis es fundamentalmente diferente de la educación. La educación tiene que ver principalmente con el aprendizaje de nueva información, el desarrollo de habilidades y el cultivo del intelecto. La catequesis consiste en la formación del cristiano por Cristo a través de sus medios de gracia. El reformador monástico Bernardo de Claraval (1090-1153) habló de la necesidad de enfocar la tarea de la formación cristiana en forma diferente a la de la educación.

> Las instrucciones que os dirija, hermanos míos, diferirán de las que deba dar a la gente del mundo, al menos en cuanto a la manera. El predicador que desee seguir el método de enseñanza de san Pablo les dará a beber leche en vez de alimento sólido, y servirá una dieta más nutritiva a los espiritualmente iluminados: «Enseñamos», dijo, «no como se enseña la filosofía, sino como nos enseña el Espíritu: enseñamos cosas espirituales de manera espiritual». Y otra vez: «Tenemos una sabiduría que ofrecer a quienes han alcanzado la madurez»[23].

Tradicionalmente, la educación se centra en transmitir los conocimientos adecuados. La catequesis se ocupa de transmitir la espiritualidad cristiana. Busca enseñar a los cristianos a meditar en las cosas santas de Dios que les fueron dadas en el bautismo: los diez mandamientos, el credo y el padrenuestro. A través de esas cosas santas, el Espíritu trabaja para enseñar al cristiano verdades espirituales. En los diez mandamientos, aprendemos lo que se requiere de nosotros para servir adecuadamente a Dios y a nuestro prójimo. Aprendemos sobre nuestro pecado personal y sobre cómo hemos faltado a la ley. En el credo, aprendemos del Dios bueno y misericordioso que provee para todas nuestras necesidades, ha enviado a su Hijo a redimirnos del pecado, y ha dado el Espíritu Santo que nos trae y nos mantiene en la única fe verdadera. En el padrenuestro aprendemos a dirigirnos a este Dios bueno y misericordioso, pidiéndole lo que más necesitamos en esta vida y en la venidera. Esto resume todo lo que un cristiano debe saber para meditar adecuadamente en toda la Palabra de Dios, y para recibir adecuadamente los dones que Dios da a través de esa Palabra.

Aunque la catequesis y la educación son tareas diferentes, la catequesis requiere dos cosas de la educación. En primer lugar, requiere que los catecúmenos hayan sido educados para conocer la naturaleza de las palabras sobre las que han de meditar. Esto significa no solo conocer el significado simple de las palabras, sino comprender y aceptar la palabra de la Escritura, no como transmisora de sentimientos religiosos u opiniones piadosas, sino como transmisora de la verdad. En segundo lugar, deben aprender las habilidades y la paciencia necesarias para reflexionar sobre lo que significan esas palabras a un nivel profundo. Deben tener una mente que no pase rápidamente por encima de las palabras, pensando que, porque conocen el significado simple, lo han entendido todo. Por el contrario, deben tener la disciplina para pensar cuidadosamente en las palabras y estar dispuestos a pasar humildemente tiempo explorándolas. En el prefacio de su *Catecismo mayor*, Lutero escribió:

> ¿Qué hacen estos santos aburridos y presuntuosos —personas que no leen ni estudian el catecismo a diario, ni tienen deseos de hacerlo—, excepto creerse más doctos que Dios mismo y que todos sus santos ángeles, profetas, apóstoles, y todos los cristianos? Dios mismo no se avergüenza de enseñarlo diariamente, porque no conoce otra enseñanza mejor, y permanece siempre enseñando esta única cosa sin proponer nada nuevo ni diferente[24].

Esto no descarta la necesidad de aprender relatos bíblicos o de una instrucción sistemática en doctrina. Los niños cristianos necesitan aprender historias bíblicas porque estas narraciones son la historia familiar de los bautizados. Las historias bíblicas proporcionan el contexto para la oración al situar al bautizado en la larga historia de los tratos de Dios con su pueblo. La doctrina enseña a los bautizados a confesar correctamente la fe que les ha sido transmitida. Prepara a los niños para hablar de su fe con precisión y defenderla ante la adversidad. Una adecuada formación catequética, que incluya tanto la Escritura como la doctrina, evitará que la enseñanza de la religión se convierta en un mero ejercicio intelectual[25].

# Los efectos

No es raro que los educadores y administradores cristianos defiendan las teorías educativas predominantes presentándolas como teológicamente neutras. «Son solo métodos que tienen poco que ver con la teología», dirán. Por optimista que esto pueda ser, es bastante ilusorio. Como dijo un ensayista:

> Preguntar si la educación religiosa puede aprender de tales figuras casi puede parecer presuntuoso. Es como preguntar si Jack puede aprender algo de toda una tribu de ogros, que lo tratan con una mezcla de desdén y lástima, y tienen toda la intención de acabar con él para la cena en lugar de impartirle clases particulares[1].

En vista de las creencias filosóficas y teológicas y de los motivos de las personas que propusieron estas teorías, es imposible argumentar que no habrá efectos negativos. Nadie puede afirmar que estas teorías estén diseñadas para apoyar los objetivos de la educación cristiana: capacitar a los niños para mirar a Dios con fe y al prójimo con amor. De hecho, están diseñadas para trabajar con bastante éxito en contra de estos objetivos. En consecuencia, se ha infligido un gran daño a los individuos, a la Iglesia y a la sociedad.

## Daño a las personas

El daño espiritual que estas pedagogías seculares han infligido a los individuos debería angustiar a todo cristiano. Es nada menos que chocante considerar que, en gran parte debido a la educación que han recibido, tantos estadounidenses han rechazado la antigua fe cristiana en el lapso de dos generaciones. Cuando niños, recibieron la enseñanza fiel de sus pastores, maestros y padres, y sin embargo, abandonaron esas enseñanzas tan pronto como se fueron de casa. Los índices de apostasía son asombrosos. En un estudio reciente sobre la juventud de la Iglesia luterana Sínodo de Misuri, aproximadamente un tercio seguía asistiendo a la iglesia, otro tercio la había abandonado, y el tercio restante no se sabe dónde está o asiste a otra denominación[2]. Los índices de permanencia de quienes asistieron a escuelas luteranas solo son ligeramente mejores.

En los últimos treinta años, a medida que los índices de apostasía aumentaban, las escuelas de la Iglesia se esforzaron por parecerse más a las escuelas estatales. Se adoptaron las normas curriculares establecidas por el gobierno, se exigió a los profesores contar con certificación estatal, y las facultades luteranas de educación, en respuesta a las demandas de los directores de escuelas y los ejecutivos de la educación luteranos, transformaron los programas de formación pedagógica a fin de que reflejaran los de las facultades estatales. En consecuencia, los alumnos de las escuelas primarias y secundarias luteranas reciben esencialmente la misma enseñanza que sus homólogos seculares. Utilizan el mismo plan de estudios, impartido con los mismos métodos. Es cierto que puede haber una clase de religión y un servicio de capilla, pero en la vida de la escuela no hay mucho más que sea marcadamente diferente. Si los niños han sido educados con métodos y materiales diseñados para hacerlos rechazar la fe, no debería sorprendernos que lo hagan.

Esto no solo ha sucedido en las escuelas luteranas, sino también en las escuelas cristianas de todo el país. A los alumnos se les ha enseñado de una manera que les dificulta ver la ley de Dios como una norma objetiva inalterable que la justicia humana no logra alcanzar. Habiéndose reducido la atrocidad del pecado, también lo ha hecho la necesidad de un Salvador.

La pedagogía secular no solo ha obstaculizado la capacidad de los alumnos para captar la naturaleza de la obra de Cristo, sino que también les ha quitado la oportunidad de ver la sabiduría unificada de Dios revelada en el mundo que los rodea. En el aula cristiana moderna, la historia tiene poco que ver con la biología, la literatura no tiene nada que decirle a la física, y la religión se enseña en forma aislada, a menudo utilizando los mismos métodos que todas las demás clases, añadiendo un servicio semanal de veinte minutos en la capilla. Este enfoque va en contra del mensaje de que en la creación hay un todo unificado: «un solo Dios y Padre de todos, que está sobre todos, por todos y en todos» (Efesios 4:6). Por consiguiente, los alumnos tienen dificultades para ver cómo Dios está entretejido en cada parte de sus vidas y en todo lo que aprenden. Solo pueden ver a Dios aislado de todo lo demás: quizás es bueno para la mañana del domingo, pero para el resto de sus vidas es irrelevante.

El fundador de Apple, Steve Jobs, estuvo entre los dos tercios que abandonaron la Iglesia. Creció en un hogar luterano devoto y asistía regularmente al culto con sus padres en la Iglesia luterana Trinity de Palo Alto (California). Según Jobs, cuando tenía 13 años desafió a su pastor preguntando cómo Dios podía permitir que los niños de África murieran de hambre. Supuestamente, el pastor le contestó que los caminos de Dios estaban más allá de nuestra comprensión. Insatisfecho con una respuesta que ponía la mente de Dios por encima de la suya, Jobs abandonó la Iglesia jurando que no volvería jamás. Aunque dejó la Iglesia, no abandonó la religión. Creó su propia religión incorporando elementos del budismo zen, el humanismo secular y el epicureísmo. Aunque creía que esta religión propia era superior al cristianismo, en realidad era mucho más dura y cruel. Desechaba la misericordia por la superación personal, la gracia por el éxito mundano y la promesa de la resurrección por una vida restringida al aquí y ahora. ¿Por qué rechazaría una religión basada en la gracia, la bondad y la misericordia en favor de otra construida sobre el yo y el beneficio material como verificación de la rectitud? Creo que se debió, al menos en parte, a su formación educativa. Aunque no tengo conocimiento directo de la educación de Jobs, su enfoque de la religión y la teología representaba todo lo que los pedagogos del siglo XX podían esperar: la creencia en su propia divinidad interior, la elevación de la autoridad del yo, el rechazo de la autoridad, la negación de un Dios trascendente y el rechazo del cristianismo ortodoxo[3].

## Daño a la iglesia

A lo largo de su historia, cada vez que la Iglesia se enfrentó a retos teológicos, produjo teólogos que la llevaron a una confesión de la verdad. Cuando las cuestiones sobre la naturaleza de Cristo fueron atacadas en los primeros siglos, Eusebio y Atanasio ofrecieron una clara confesión de la verdad. Cuando fue cuestionada por los intelectuales islámicos de España, Tomás de Aquino respondió con una defensa aristotélica de la teología cristiana. Cuando se hizo un mal uso de la doctrina de la justificación en el siglo XVI, Martín Lutero produjo la clara enseñanza de la justificación por gracia a través de la fe sola. Estos teólogos fueron capaces de ejercer un liderazgo teológico e intelectual porque sus mentes habían sido moldeadas por un modelo educativo que les permitía pensar con claridad y creatividad. Dadas las filosofías educativas que dominan actualmente la educación cristiana, ¿es capaz la Iglesia hoy de producir teólogos con la disciplina académica y espiritual necesaria para responder a las amenazas modernas a las que se enfrenta?[4]

La disminución de la asistencia a la iglesia en Occidente durante el último medio siglo fue precedida por una disminución equivalente del rigor teológico de la Iglesia debido a numerosos factores. El principal de ellos es el abandono de la pedagogía distintiva de la Iglesia. En lugar de enseñar a los niños como se enseñó a los grandes teólogos del pasado, se han adoptado filosofías y métodos expresamente diseñados para ahogar ese desarrollo.

Este descuido de la pedagogía cristiana no solo ha perjudicado a la Iglesia en general. También ha tenido un efecto nocivo en la congregación local. Las congregaciones saludables necesitan laicos debidamente educados: personas que conozcan la doctrina confesada por la Iglesia y puedan incorporarla a la vida de la parroquia. Estos laicos son cada vez más escasos. Como párroco, a menudo oí a feligreses bienintencionados que, en reuniones de profesores de la escuela dominical, asambleas de votantes y clases bíblicas, decían cosas como: «Todas las religiones son iguales», «No debemos juzgar a los demás» o «Lo único que importa es amar a Jesús». Estos comentarios procedían de personas que habían sido catequizadas por pastores fieles. No habían aprendido esas opiniones desde el púlpito, ni en las clases bíblicas, ni en la clase de confirmación, y sin embargo, formaban parte de su piedad personal a tal grado que podían recitarlas como si las hubieran memorizado desde un catecismo. Al mismo tiempo, tenían muchas dificultades para hablar según las confesiones de la Iglesia. Aunque conocieran la doctrina correcta, les costaba sostenerla con entusiasmo. Una razón clave de esta desconexión era que sus mentes habían sido tan moldeadas por las pedagogías de gnósticos, místicos, marxistas y liberales seculares, que eran receptivos a teologías falsas y ajenas y resistentes a la teología ortodoxa. No podían declarar la verdad con confianza, no estaban seguros de su confesión y eran incapaces de ayudar a moldear a su propia congregación como una Iglesia confesante.

### Daño a la sociedad

A lo largo de la dilatada historia de la Iglesia, las escuelas han sido el semillero de algunos de los más grandes artistas, poetas, arquitectos, músicos, filósofos y científicos. Lo que todos estos grandes han tenido en común es que recibieron una educación clásica en artes liberales. Bach no podría haber hecho la música que hizo sin su formación clásica en artes liberales. Su arte fue producto de su educación en la verdad, la bondad y la belleza, y sus composiciones fueron el resultado de su formación en gramática, dialéctica y retórica. Lo mismo puede decirse de innumerables intelectuales, científicos y artistas cristianos. Kepler y Mendel, Rembrandt y Caravaggio, Dante y C. S. Lewis fueron moldeados por una educación clásica en artes liberales que les permitió producir obras que han sido una bendición duradera para la sociedad.

Sin desmerecer a los artistas, autores, científicos e intelectuales cristianos contemporáneos, considérese cuántas mentes jóvenes han sido atrofiadas por pedagogías anticristianas. ¿Cuántos Buxtehudes o Tolkiens no se han desarrollado porque, sencillamente, no recibieron el tipo de educación que fomentaría el florecimiento de su arte? ¿A cuántas mentes se les ha impedido hacer contribuciones piadosas a la sociedad manteniéndolas en ignorancia de la verdad, la bondad y la belleza? Es imposible cuantificar los efectos de esas pérdidas, pero resultan demasiado evidentes. Si la política ha llegado a convertirse en una mera cuestión de insultos y de suscitar oposición a partir de las emociones crudas, tal vez sea porque la Iglesia no ha logrado desarrollar oradores elocuentes que puedan utilizar adecuadamente la emoción y el intelecto para mover a la gente hacia el bien. Si la música popular es poco más que una producción incoherente de ruido cargado de energía sexual, tal vez sea porque la Iglesia ha dejado de producir músicos capaces de escribir música que dirija a los pecadores abatidos hacia la verdad de Cristo. Si el arte se ha convertido en una cuestión de ofender a los sentidos, tal vez se deba en parte a que la Iglesia ha dejado de producir artistas capaces de incitar a la gente a meditar sobre la belleza piadosa.

No estoy argumentando, como hacen algunos, que una renovación de la educación clásica sea el medio de salvar la civilización occidental. Hay quienes sostienen que, si la Iglesia pudiera producir suficientes líderes sabios y elocuentes para el gobierno, las artes y los negocios, esas instituciones recuperarían un *ethos* cristiano y una forma cristiana de pensar. Su perspectiva es que la educación clásica cristiana llevó la luz de Cristo a tierras paganas en el pasado, y ese mismo estilo de educación renovará la presencia de Cristo en Occidente —especialmente en Estados Unidos— en la actualidad. Sin embargo, no fue la educación la que sacó a Cristo a la luz para los romanos, los europeos o los norteamericanos. El medio por el que Cristo fue revelado y las personas fueron renovadas fue el evangelio predicado y administrado a través de los sacramentos. La renovación de la sociedad en el pasado se debió a que la gente, iluminada por el evangelio, buscó a Cristo donde él se hallaba oculto en el mundo. Este impulso condujo al florecimiento de las artes y de las ciencias. Mientras tanto, el mundo se ha beneficiado de la labor educativa de la Iglesia por la fidelidad de esta al evangelio. Esto no sucederá si las escuelas de la Iglesia emplean pedagogías seculares, y por ende, la sociedad se empobrecerá. Sin embargo, si la Iglesia forma a los niños de acuerdo con su rico patrimonio educativo —enseñándoles la naturaleza de la verdad, la bondad y la belleza tal como se encuentran en Cristo—, el mundo será bendecido.

Segunda parte

# La aplicación del antídoto

# La cura de las normas intemporales

A lo largo de este libro he hecho referencia a la verdad, la bondad y la belleza como características centrales de la educación cristiana. Han sido rasgos esenciales de su pedagogía a través de los dos mil años de historia educativa de la Iglesia. Ya desde los antiguos griegos, el aspecto más importante de la educación era el aprendizaje de la verdad, la bondad y la belleza. Eran normas que trascendían el tiempo, el lugar e incluso la cultura. Constituían el marco general para comprender el mundo y nuestro lugar en él. Lo que era verdad entonces, también lo es ahora. Lo que es bello, es bello en cualquier lugar. Lo que es bueno, es bueno para todos. Por ser universales e intemporales, se entendían como revelaciones de la naturaleza de Dios. Según los griegos, Dios había entretejido pruebas de estas normas en cada parte de la creación, y había inculcado en las personas un deseo de la verdad, la bondad y la belleza a fin de que lo buscaran a él. Aunque cada una tenía sus propiedades particulares, estaban tan entrelazadas que no podían separarse. Por ejemplo, si describías la verdad, también describías la belleza y la bondad. Y por encima de todo aquello estaba Dios, que era la norma final y suprema a la que nos debemos.

Todo lo que se enseñaba en las antiguas escuelas griegas encajaba en el marco de la verdad, la bondad y la belleza. La filosofía natural, que incluía lo que hoy conocemos como ciencia natural, la naturaleza humana y algunos aspectos de la teología, se ocupaba de la verdad. El arte y la arquitectura, centrados en la estética, se ocupaban de la belleza. La teología, con su estudio de la ética, se ocupaba de la bondad. Y toda la educación debía orientar a los alumnos hacia la unidad divina de todas las cosas.

## La primera norma: la bondad

La antigua comprensión de la bondad era mucho más profunda de lo que nuestra mente posmoderna permite. En nuestra cultura contemporánea, la bondad es una cuestión de opinión. En ocasiones se argumenta que, si la mayoría de la gente está de acuerdo en que algo es bueno, entonces debe serlo. Por ejemplo, a menudo cuestiones morales como el matrimonio de personas homosexuales se juzgarán como buenas porque las encuestas de opinión indican que la mayoría de la gente así lo cree. Para los antiguos, esta era una forma desastrosa de entender el bien. Platón, con su famosa alegoría de la caverna, quería que la gente se liberara de las suposiciones de la sociedad sobre lo que es bueno y que captara el bien supremo (Dios). Esta era la norma final por la que debían esforzarse todas las personas. Aunque para los seres humanos sea imposible alcanzarla, sí les es posible comprender las cosas buenas procedentes de Dios, como la virtud, la ética y el sentido de la vida —cosas que podrían denominarse bondad moral—.

Hay muchas maneras de definir lo bueno; sin embargo, para los propósitos de este breve análisis, basta con utilizar la definición de Aristóteles, que definió lo bueno como la medida de la perfección con que una cosa cumple el propósito para el que fue creada . Por ejemplo, si una cortadora de pasto corta el pasto de manera uniforme y rápida, es buena porque cumple la función para la que fue diseñada[2]. Discutir lo que hace que una cortadora de pasto sea buena puede ser fácil, pero ¿qué pasa con las cuestiones relacionadas con la bondad moral, la virtud y la ética? Por ejemplo, ¿qué constituye una buena vida o un buen gobierno? ¿Qué es un buen hijo, un buen marido o una buena esposa? ¿Qué es un buen trabajo o un buen uso del dinero? Se trata de cuestiones mucho más difíciles a las que todo cristiano tendrá que enfrentarse en algún momento de su vida. Pedir que los alumnos trabajen en grupo para encontrar respuestas a estas preguntas —como se hace tan a menudo en las aulas contemporáneas— es una tontería. Si no saben para qué fueron creadas esas cosas, llegarán a conclusiones erróneas. Para responder correctamente a este tipo de preguntas se necesita una educación en la bondad.

Cuando yo estaba en la universidad, pensaba que Baby Duck era un buen vino. Era un vino burbujeante canadiense de bajo contenido alcohólico, excesivamente dulce y afrutado. Básicamente era zumo de uva efervescente y alcohólico. En aquella época, yo creía que era todo lo que un vino debería ser, pero eso era solamente porque no sabía mucho de vino. No sabía nada sobre la acidez, los taninos, el contenido natural de azúcar ni las distintas variedades de uva. Tuve que aprender esas cosas, y solo entonces pude distinguir entre el vino bueno y el malo, reconociendo que Baby Duck se hallaba claramente en esta última categoría. El mismo principio se aplica a la necesidad de enseñar lo bueno a los alumnos. Al contrario de Maria Montessori, que sostenía que los niños sabrían naturalmente lo que es bueno, nosotros no podemos dejar que determinen lo bueno por sí mismos. No solo su naturaleza pecaminosa los alejará de lo bueno y los llevará hacia lo malo, sino que su conocimiento de lo que constituye lo bueno es muy limitado y, a menos que tengan mucha suerte, probablemente se equivocarán.

Los educadores cristianos no pueden permitirse semejante apuesta, porque se ocupan de asuntos mucho más importantes que el vino barato. Están formando a niños para vocaciones en las que diariamente tendrán que tomar decisiones sobre lo bueno. Los estudiantes deben ser formados para reflexionar sobre cuestiones como: «¿Estoy cumpliendo el propósito para el que fui creado? ¿Qué hay de la persona con la que me voy a casar, mis hijos, mi trabajo, mi forma de gastar mi dinero, el candidato por el que voy a votar, las personas a las que decido llamar amigos, el empleo de mi tiempo?». Todas estas cosas implican determinar lo bueno y requieren que los alumnos sepan por qué fueron creadas. Sin embargo, nuestro sistema educativo deja a los niños sin preparación alguna para esta tarea, optando por inútiles frases como «lo que sea que elijan es bueno, siempre que sea auténtico para ellos».

## La segunda norma: la belleza

Para muchos, «La belleza está en los ojos del que mira» es un absoluto filosófico. Cada vez que hay un desacuerdo sobre el arte, la arquitectura, la ropa, el peinado, los tatuajes o los pírsines, no pasa mucho tiempo sin que alguien pronuncie solemnemente la frase y silencie efectivamente todo debate. La frase afirma que nadie puede, con certeza, juzgar algo como feo o antiestético. Quienes lo hacen son estrechos de miras e intolerantes. Algunos atribuirán erróneamente esta perla de sabiduría a Platón —una creencia que solo refuerza su poder silenciador, porque ¿quién podría discutir con Platón?—. Sin embargo, Platón no solo no dijo eso, sino que lo habría negado rotundamente. Él sostenía que existe una belleza perfecta, separada de nosotros mismos, y que esa belleza tiene su origen en Dios. En realidad, pocos o nadie creen que la belleza sea completamente subjetiva. Si diéramos un relajante paseo por la playa y nos encontráramos con un pez podrido, no diríamos que es bello. Del mismo modo, aún no conozco a nadie que aleje la mirada de una puesta de sol alegando que es demasiado horrible. Por lo tanto, pese a la popularidad de esta máxima filosófica, existen estándares de belleza ampliamente aceptados.

La frase «La belleza está en los ojos del que mira» parece tener su origen en el libro *Molly Brawn* de la novelista romántica del siglo XIX Margaret Wolfe Hungerford. Sospecho que la frase se generalizó porque recogía las filosofías de los siglos XIX y XX que sostenían que solo el conocimiento empírico era fiable y valioso. Como la belleza no podía analizarse ni medirse en un laboratorio, tenía que ser subjetiva. Y si la belleza era relativa, ¿cómo podía enseñarse en la escuela? De modo que, al igual que con la bondad, los pedagogos abandonaron la tarea de enseñar la belleza y dieron la espalda a una tradición que se remonta a los antiguos griegos, si no es aun más antigua. Aristóteles sostenía que la belleza se expresaba en el «orden, la simetría y la definición» y tenía una conexión especial con las ciencias matemáticas[3].

Para Platón, la belleza era eterna y movía a los humanos a buscar la armonía. Aunque nunca podrían tener una comprensión perfecta de la belleza, era una ventana a lo espiritual y lo divino. Estudiando la belleza, los estudiantes podrían saber más de Dios. También aprenderían a utilizar la belleza para el bien de la sociedad y el mejoramiento del Estado.

San Agustín enseñó que Dios tejió belleza en cada parte de la creación. Escribió: «Cada cosa creada tiene una belleza especial propia de su naturaleza, y cuando un hombre reflexiona bien sobre el asunto, estas creaciones son motivo de intensa admiración y entusiasta alabanza a su todopoderoso Hacedor»[4]. Dios creó al hombre con la capacidad de apreciar la belleza a fin de que no amara las cosas viles del mundo, sino que mirara a Dios. Una rigurosa educación en la belleza refinaba la comprensión que los estudiantes tenían de Dios y les permitía reconocer su presencia en el mundo.

Los teólogos medievales vinculaban la belleza a la meditación y el culto. Utilizando los criterios de proporción y luz, los incorporaron deliberadamente a su arte y arquitectura sagrados. La proporción era una armonía matemática divina de la estructura y una manifestación del orden de Dios. La luz, esencia del color, era necesaria para la visibilidad y se entendía como procedente de Dios, fuente de toda luz. Las grandes catedrales de este período fueron moldeadas por el deseo de conectar el culto con la belleza divina. Estos lugares de meditación sagrada tenían proporciones perfectas y estaban inundados por la luz de vitrales de intrincado diseño. La belleza no era algo que se encontrara en el ojo del espectador. Era una confesión de quién era Dios y cómo se manifestaba en el mundo.

Con el auge del pragmatismo de la educación progresista de Dewey en el siglo XX, uno de los dogmas centrales de la educación fue que cada parte del plan de estudios tenía que ser práctica. En consecuencia, el estudio de la belleza, o estética, comenzó a desvanecerse. Al principio, se dio preferencia a asignaturas como la física, la química, la biología y la geografía. Más tarde, en un esfuerzo por ser cada vez más prácticos, los programas escolares se saturaron de asignaturas «útiles» como finanzas, educación cívica, nutrición y, más recientemente, gestión de redes sociales y manejo del estrés. Este movimiento hizo que la enseñanza de la belleza quedara completamente fuera de los planes de estudio. Pocos profesores saben que la estética fue alguna vez una disciplina académica.

La creencia de que la belleza es subjetiva ha dejado eficazmente fuera de las aulas todas las normas atemporales. Si la belleza es relativa, y si la verdad, la bondad y la belleza están tan entrelazadas que pueden usarse casi indistintamente, entonces es lógico que la verdad y la bondad sean también relativas. Además, si la verdad, la bondad y la belleza describen a Dios, entonces Dios también debe ser relativo. Él solamente puede ser lo que yo pienso de él, o es la forma en que yo lo percibo, no lo que él objetivamente declara ser. Si todo esto es cierto, ¿para qué enseñar nada sobre la verdad, la bondad y la belleza —o, de hecho, nada acerca de Dios— en las aulas modernas? Es mucho mejor ceñirse a aquellas asignaturas «prácticas» como el conocimiento de las redes sociales y el manejo del estrés. Al menos así los alumnos no se sentirán tan ansiosos mientras leen las noticias en sus pantallas.

## La tercera norma: la verdad

Con Jesús de pie ante él, Pilato preguntó: «¿Qué es la verdad?». Como estudiante romano, Pilato habría leído a Cicerón, Virgilio, Platón y Aristóteles, todos los cuales hablaron largo y tendido sobre la naturaleza de la verdad[5]. También habría aprendido sobre la figura mitológica romana Veritas (Verdad), hija de Cronos (Tiempo) y madre de Virtus (Fuerza), diosa de la valentía y la virtud militar. Veritas gozaba de tal estima que todo ciudadano romano tenía la obligación de rendirle culto. La verdad era tan importante para los romanos que formaba parte integrante del código de honor militar. A Pilato le habrían enseñado que la verdad inmutable había sido legada a los romanos desde la antigüedad. Se hallaba en la raíz de todo lo que un romano consideraba noble y algo por lo cual valía la pena luchar. Al mismo tiempo, Pilato sabía que el Imperio romano no era en absoluto el Estado ideal imaginado por Platón: un Estado gobernado por la verdad y la virtud. Como político, tuvo que conciliar los ideales que aprendió como estudiante con la realidad de que, en la vida, se transigía frecuentemente con la verdad en aras de la conveniencia política. En este contexto, Jesús, ensangrentado y golpeado, se proclamó como un tipo diferente de político: un rey en el que se manifestaba toda la verdad. Jesús dijo a Pilato: «Tú dices que soy rey [...]. Para esto Yo he nacido y para esto he venido al mundo, para dar testimonio de la verdad. Todo el que es de la verdad escucha Mi voz» (Juan 18:37). En el reino de Jesús, todos los ideales que Pilato había aprendido como estudiante de los filósofos y de la mitología eran una realidad. Había aquí un reino espiritual en el que la verdad nunca se alteraba en aras de la conveniencia, sino que moldeaba a extraños y extranjeros para convertirlos en hijos e hijas del Rey de la Verdad. Los ciudadanos de este reino hablaban la verdad, meditaban sobre ella, e incluso comían y bebían la verdad. Para un romano, así como para Pilato, esto probablemente parecía tan fantástico que era demasiado bueno para ser verdad.

La realidad última es alguien que es la verdad encarnada, Cristo Jesús. Jesús no afirma proporcionar acceso a la verdad como un gurú divino, ni afirma simplemente enseñar la verdad a sus seguidores. Su audaz afirmación es que él es la verdad hecha carne. Esta encarnación de la verdad es tan potente que conforma a las personas a la imagen de ella. Aquí, pues, se halla la verdad que ama a su pueblo y, a su vez, lo convierte en amante de la verdad. Como escribió Pablo: «A los que de antemano conoció, también los predestinó a ser hechos conforme a la imagen de su Hijo» (Romanos 8:29). Las personas que han sido conformadas conocen la verdad de quiénes son, por qué están en la tierra y qué deben hacer.

Esta no es en absoluto la manera en que los pedagogos seculares modernos entienden la verdad. No ven la verdad eterna como uno de los grandes estándares a los que deben aspirar los estudiantes. Creen que la verdad se limita a algo funcional determinado por la ciencia empírica. Desde esta perspectiva, si podemos descubrir el modo en que las cosas se unen, de qué están hechas o el proceso por el que suceden, conoceremos la totalidad de la verdad. De un modo extraño, se parece mucho a la definición de Aquino, en la que la verdad es la conformidad del intelecto con la realidad determinada por Dios, excepto que aquí el dios es la ciencia.

Si bien la información descubierta por los científicos puede ser factual y funcionalmente verdadera, la ciencia no puede ser la fuente de la verdad trascendente porque no es el Dios vivo y verdadero. El papa Benedicto XVI escribió:

> Se ha descubierto la verdad funcional sobre el hombre. Sin embargo, la verdad sobre el hombre mismo —quién es, de dónde viene, qué debe hacer, qué está bien, qué está mal—, desgraciadamente no puede leerse de la misma manera. Junto con el creciente conocimiento de la verdad funcional parece haber una creciente ceguera a la «verdad» misma, a la cuestión de nuestra verdadera identidad y propósito[6].

La verdad no es solo una cuestión de qué es verdadero —como la temperatura de ebullición del agua—, sino de las preguntas profundas con las que todo el mundo lidia. «¿Quién es Dios?» «¿Quién soy yo?» «¿Qué debo hacer con mi vida?» «¿Qué va a ser de mí cuando esta vida acabe?». Todas estas son preguntas que solo la Verdad (Cristo Jesús) puede responder. Las respuestas que él proporciona dan sentido, propósito y dirección a la verdad funcional de la ciencia porque muestran cómo puede utilizarse para el bien del prójimo.

## La norma que lo une todo: la unidad

La unidad de las tres normas, o medidas, es quizás la más difícil de definir, y sin embargo, es crucial para la correcta comprensión de la naturaleza del plan de estudios en una escuela cristiana.

Los antiguos griegos veían el universo como un todo unificado diseñado para acercarnos a Dios. Al comprender la interconexión de todas las cosas, una persona podía empezar a entender las cosas de Dios. Los maestros cristianos medievales continuaron esta tradición. La verdad, la bondad y la belleza merecían ser aprendidas porque eran expresiones de la unidad de Dios. La bondad describía cómo era Dios, pero también lo hacían la belleza y la verdad. No había una multiplicidad de verdades, bondades o bellezas, como tampoco había una multiplicidad de dioses. Aunque eran distintas, las tres estaban entrelazadas. La verdad interpretaba la belleza y la bondad, la bondad permitía comprender la verdad y la belleza, y la belleza informaba la verdad y la bondad. Cada una describía un aspecto del todo. Era similar al modo en que el credo atanasiano describe la Trinidad: «Tal como es el Padre, así es el Hijo y así es el Espíritu Santo». Aunque en la Trinidad hay tres personas, siendo cada una distinta y única, no hay «tres dioses sino uno». Del mismo modo, la verdad, la bondad y la belleza añaden algo único a la comprensión que la persona tiene del mundo, a la vez que forman parte de la misma unidad. De modo que, independientemente de la «materia» estudiada por los alumnos, aprendían sobre lo mismo desde perspectivas diferentes[7].

En las escuelas de hoy en día prevalece el enfoque opuesto. Las materias son compartimentadas y los profesores (sobre todo en los cursos superiores) se limitan a enseñar las asignaturas para las cuales tienen el apoyo del Estado. Cada «materia» se enseña de forma aislada, sin tener en cuenta cómo están interconectadas. ¿Qué tiene que ver la biología con la música, o el arte con las matemáticas, o cualquiera de las materias con la teología? El pedagogo moderno respondería: «Muy poco». En cambio, desde Platón hasta principios del siglo XX, prácticamente todos los educadores habrían respondido: «Todo». Todos ellos entendían que cada «materia» estaba conectada de algún modo con Dios, fuente de toda sabiduría, y debía relacionarse con la verdad, la bondad y la belleza. Esta es también la postura de la Escritura. Pablo habló de cómo toda la sabiduría apunta a Cristo. En Efesios, dijo:

> Yo, que soy menor que el más pequeño de todos los santos, he recibido el privilegio de anunciar entre los no judíos el evangelio de las insondables riquezas de Cristo, y de hacer entender a todos cuál es el plan del misterio que Dios, el creador de todas las cosas, mantuvo en secreto desde tiempos remotos para dar a conocer ahora, por medio de la iglesia, su multiforme sabiduría a los principados y poderes en los lugares celestiales. (Efesios 3:8-10 RVC)

El término «multiforme» (πολυποίκιλος) puede también traducirse como la sabiduría «multicolor» de Dios, destacando la cualidad caleidoscópica de la sabiduría divina que se revela a través de la verdad, la bondad y la belleza[8].

Este sentido de unidad debería impregnar todos los aspectos de la educación cristiana. En las confesiones de la Iglesia evangélica luterana se entiende que hay una sola doctrina —la de Cristo— expresada de diferentes maneras. Si bien es posible hablar separadamente de la doctrina del bautismo, la cena del Señor, la justificación o la santificación, todas se entienden en el contexto de la única doctrina de Cristo. David Scaer ha comparado la doctrina cristiana con los diversos ingredientes de un pastel que, mezclados, forman una sola masa[9]. Del mismo modo, todas las materias son vías para una mayor comprensión de la única verdad, bondad y belleza procedente del único Dios. La unidad exige que la teología y la pedagogía unan sus manos como un todo unificado para conformar el plan de estudios, la metodología, los contenidos, las prácticas catequéticas y la vida de oración de la escuela.

## Uso incorrecto de las normas

A lo largo de la dilatada historia de las artes liberales, un filósofo ha ejercido una influencia continua: Platón. Es difícil exagerar la contribución que hizo a la comprensión occidental de las artes liberales, pero ciertos elementos de su filosofía educativa fueron contrarios a la sana doctrina cristiana.

Platón creía que todos los seres humanos tenían una capacidad divina que les permitía utilizar la verdad, la bondad y la belleza para conducirse a lo divino. Para él, la piedad era una obra humana, un logro del potencial humano máximo. El enigma al que se enfrentaba Platón era el siguiente: ¿cómo se podía saber con certeza que algo era realmente verdadero, bueno o bello? Las emociones eran demasiado volubles, demasiado fáciles de engañar por las bajas pasiones del mundo. Uno podía «sentir» que algo era bueno, verdadero o bello, pero esos sentimientos no eran dignos de confianza. ¿Cómo estar seguro? La respuesta estaba en el intelecto. Con la ayuda de la filosofía, Platón consideró el intelecto como una guía segura y fiable. Así pues, la tarea de la educación consistió en enseñar a los niños a subordinar sus emociones a su mente para poder utilizar adecuadamente la verdad, la bondad y la belleza en su búsqueda de lo divino. Consideremos un personaje moderno como ilustración. El Sr. Spock, de la serie *Star Trek* original, representaba el ideal platónico: el dominio de la lógica, la subordinación de las emociones y la utilización del intelecto como vía de acceso a lo sagrado. La ficticia máxima vulcana «Las necesidades de muchos superan las necesidades de unos pocos» remite a la *República* de Platón, en la que Sócrates sostiene que los filósofos, guiados por la razón pura, eran los más indicados para ser líderes del Estado, porque se preocuparían por el bien de toda la comunidad y no se guiarían por intereses egoístas. Desde una perspectiva cristiana, hay dos cosas erróneas en la concepción de Platón. La primera y más problemática es que elevó la capacidad del hombre para encontrar a Dios. Platón no reconocía la doctrina del pecado original, por lo que no tenía ningún problema con la idea de que el hombre pudiera acercarse a Dios utilizando sus propias capacidades. El segundo problema es que puso el intelecto por encima de la emoción, creyendo que esta siempre podía engañar, mientras que el intelecto era siempre fiable. Platón no compartía la perspectiva bíblica de que, aunque tanto el intelecto como la emoción son dones de Dios, están igualmente corrompidos por el pecado y solo son fiables cuando se someten al gobierno de la fe. Cuando la Iglesia incorporó a su pedagogía las artes liberales, también importó la visión optimista que Platón tenía del hombre, así como su opinión sobre la fiabilidad del intelecto. El gran educador holandés, Desiderio Erasmo (1466-1536), estaba influido por este ideal platónico. Creía que las artes liberales abrirían los ojos de los estudiantes a la verdad, la bondad y la belleza, y los hacían más veraces, buenos y bellos. Se trataba de una renovación tanto espiritual como intelectual. Erasmo creía que, si se introducía en las escuelas una forma purificada de las artes liberales clásicas, se producirían ciudadanos piadosos y virtuosos que reformarían tanto la Iglesia como la sociedad según los ideales platónicos. En cierto modo, no era muy diferente de los objetivos de los filósofos de la Ilustración que llegaron dos siglos más tarde. Ellos también creyeron que la educación era el camino hacia una sociedad perfecta.

El renovado interés que se ha producido por las artes liberales clásicas en los últimos veinte años ha sido realmente refrescante. Con su rigor académico y teológico, se ha infundido una nueva vitalidad a la tarea de la Iglesia en la educación de sus niños. Sin embargo, con la recuperación de este antiguo modelo de educación, también se ha producido un resurgimiento del pensamiento platónico. Algunos hablarán de las artes liberales clásicas como la introducción de los niños a Cristo (lo «divino» de Platón). Utilizando un lenguaje que recuerda al «embrión divino» de Montessori, algunos señalan que los niños poseen una chispa divina o un elemento de la conciencia de Dios. Por ejemplo, un centro de investigación ampliamente aceptado, el Instituto CiRCE, afirma que «los educadores clásicos tienen una elevada visión de la humanidad. Para los griegos, la humanidad poseía una chispa divina. Para el cristiano y el judío, él es la imagen divina»[10]. Esta chispa divina permite a los alumnos utilizar las normas eternas para encontrar a Dios y convertirse en personas virtuosas. Algunos defensores de la educación clásica sostienen que su enfoque pedagógico conducirá a una sociedad cristiana renovada. A medida que los estudiantes virtuosos ocupen puestos de liderazgo en los negocios, el derecho y la política, se producirá una renovación de la fe y la reconstrucción de una sociedad cristiana. Por consiguiente, las artes liberales clásicas se ven como un medio para reconstruir una civilización occidental arruinada y recobrar el lugar del país como «una ciudad situada sobre un monte».

Ocasionalmente, Filipenses 4:8-9, «todo lo que es verdadero, todo lo digno, todo lo justo...», se utiliza para reforzar el argumento de que las artes liberales constituyen un camino hacia la renovación espiritual y cívica. Si hacemos nuestra parte, aprendiendo lo verdadero, lo bueno y lo bello, entonces Dios hará su parte y nos bendecirá con su presencia renovadora («... y el Dios de paz estará con ustedes»). Esto es problemático porque nadie puede jamás alcanzar tal meta de manera perfecta. En consecuencia, nadie puede estar completamente seguro de la paz de Dios. Sea cual sea el tipo de educación que hayamos recibido, deseamos pensar y practicar lo contrario de lo que es verdadero, bueno y bello. Las palabras de Pablo en Romanos 7:18-19 ponen fin al ideal platónico de la renovación espiritual por medio de la educación: «Porque el querer está presente en mí, pero el hacer el bien, no. Pues no hago el bien que deseo, sino el mal que no quiero, eso practico».

Dados los peligros de tales ideales, las confesiones de la Iglesia evangélica luterana se pronuncian enérgicamente contra cualquier esfuerzo por dotar al espíritu humano de potencial para la renovación espiritual. La *Fórmula de la Concordia* afirma:

[Rechazamos] que, en el ser humano, la naturaleza humana y su esencia no estén completamente corrompidas, sino que las personas todavía tengan algo bueno, aun en los asuntos espirituales, como la capacidad, la aptitud o la habilidad de iniciar o efectuar algo en los asuntos espirituales o de cooperar en tales acciones[11].

Y más adelante:

Creemos, enseñamos y confesamos que la voluntad humana no regenerada no solo está apartada de Dios, sino que también se ha convertido en enemiga de Dios, y solo tiene el deseo y la voluntad de hacer lo malo y todo lo que se opone a Dios[12].

Si damos cabida a alguna chispa platónica de lo divino o afirmamos que Dios solo puede ser hallado a través de los filósofos y poetas, ya sean antiguos o modernos, contradecimos estas confesiones y acabamos alineados con gente como Rousseau, Dewey, Piaget, Vygotsky, Montessori y todos los defensores de la educación liberal que afirmaron que la gente nace justa: que todos tenemos la capacidad interior de hacer buenas obras. Es solo una cuestión de grados. Los liberales, gnósticos y místicos afirman que los estudiantes son totalmente justos, y los neoplatónicos afirman que tienen una chispa de rectitud, pero ambos hacen de la educación un trabajo espiritual en el que la responsabilidad de la renovación recae en el estudiante.

Aunque es natural que el hombre desee lo verdadero, lo bueno y lo bello, la naturaleza pecaminosa siempre abusará de esas cosas. Siempre tratará de apropiárselas y usarlas para engrandecerse y justificarse. Por ejemplo, podemos desear la verdad, pero la buscaremos en las opiniones de quienes están de acuerdo con nosotros, en lugar de buscarla en Cristo. Podemos desear lo bueno, pero buscaremos temas como el ecologismo o la justicia social para demostrar que se nos debe considerar buenos[13]. Podemos desear la belleza, pero usaremos cosméticos, tendencias de moda, o esculpiremos nuestro cuerpo para lograr una belleza externa fugaz que nos haga ser admirados. Esta autoapropiación de la verdad, la bondad y la belleza distorsiona nuestra perspectiva, de modo que acabamos convirtiéndonos en lo contrario de lo que deseamos. Nuestra verdad se convierte en mentira, nuestra bondad en maldad y nuestra belleza en fealdad.

Aunque nuestra naturaleza humana pecaminosa intente impresionar a Dios reclamando para sí misma las normas trascendentes de la verdad, la bondad y la belleza, estas carecen de valor para él. *Theologia Germanica*, un texto devocional medieval muy apreciado por Martín Lutero, hablaba de esto:

> El hombre se imagina que es algo que no es. Se imagina que es Dios, pero no es más que naturaleza, un ser creado. Desde el interior de esa ilusión, comienza a reclamar para sí rasgos que son marcas de Dios. No reclama solo lo que es de Dios en la medida en que Dios se hace hombre o habita en una persona divinizada. No, reclama lo más íntimo de Dios, la marca primordial de Dios, a saber, el Ser eterno e increado[14].

Cualquier intento de hacer que estas normas sean nuestras, definidas por nosotros, u originadas en nosotros, es un ataque al primer mandamiento porque saca a Dios de su papel como única fuente de verdad, bondad y belleza, y destruye la unidad que se encuentra solo en él. Mark Mattes lo expresa así:

> Por tanto, no piensan que necesitan la generosidad o la misericordia de Dios, sino que se creen con derecho a la gracia de Dios. Lutero no aceptará nada de eso, y acabará distinguiendo entre una belleza de la creación y una belleza en el evangelio. Las bellezas de la creación no existen para asegurar nuestro estatus *coram deo*. No sirven como pie-

dras sobre las que uno pueda caminar a saltos hacia el establecimiento de la vida eterna[15].

La verdad, la bondad y la belleza no son peldaños que podamos reclamar para ascender cada vez más cerca de Dios, ni instrumentos con los que podamos salvar a la sociedad de los efectos del pecado. En la Disputa de Heidelberg, Lutero dice: «El hombre que piensa que quiere alcanzar la gracia haciendo lo mejor que puede (*faciendo quod est in se*) añade pecado al pecado, de modo que se hace doblemente culpable»[16]. Cuando se usan adecuadamente, la verdad, la bondad y la belleza no nos convierten en mejores personas. En lugar de eso, revelan lo pecadores e injustos que somos. Usadas debidamente, funcionan como ley, y cuanto más recorre una persona el camino platónico, más profundo corta la ley. Puede cortar cuando una persona se da cuenta de que la búsqueda de la verdad, la bondad y la belleza ha sido motivada por el orgullo pecaminoso. En este caso, él o ella puede intentar crear algo verdadero, bueno o bello, y llenarse rápidamente de orgullo por lo que ha logrado. La presencia de tal orgullo contamina instantáneamente la verdad, la bondad y la belleza porque esa creación ya no es pura. El corte de la ley también se experimenta cuando una persona se da cuenta de que la verdad, la bondad y la belleza perfectas están siempre fuera de su alcance. Creo que los teólogos, filósofos, artistas, escritores, músicos y demás son particularmente susceptibles a este pensamiento. Cuando se dedican honestamente a su oficio, pronto se dan cuenta de que, aunque han hecho lo mejor que han podido, siguen sin estar a la altura de lo que saben que es el ideal. Los oyentes pueden escuchar una interpretación excepcional de un músico e incluso pensar que es lo más bello que han oído nunca, pero el músico conoce sus defectos. De este modo, la ley de la belleza acusa al músico de que, pese a sus mejores esfuerzos, la perfección es inalcanzable.

Quizás es por la naturaleza acusadora de la ley que muchos educadores han renunciado a enseñar la verdad, la bondad y la belleza. Si es imposible alcanzar estas normas eternas, ¿para qué intentarlo siquiera? Más vale conformarse con el enfoque de «los ojos del que mira» y permitir que los alumnos hagan lo que les plazca. Esta no es una opción para el educador cristiano. La ley de Dios es buena aunque condene (Romanos 7:12), y así también la verdad, la bondad y la belleza son buenas aunque condenen. Son buenas porque proceden de Dios. Por lo tanto, el maestro cristiano utilizará la ley de la verdad, la bondad y la belleza para enseñar a los niños a dejar de intentar alcanzar la justicia por su propia capacidad, y a mirar, más bien, a la verdad, la bondad y la belleza que hay en Cristo.

En Cristo, el paradigma de estas normas eternas es radicalmente diferente. Las pone patas arriba. Aunque él era la verdad perfecta, asumió la falsedad del hombre para que este pudiera morar en la verdad. Aunque era perfectamente bueno, asumió la maldad del hombre para que su Padre celestial pudiera llamar bueno al hombre. Aunque era el más bello de todos, asumió toda la fealdad del hombre para que este fuera llamado el amado en el Señor. Y toda esta falsedad/verdad, maldad/bondad, y fealdad/belleza se muestra plenamente en la cruz.

En la Disputa de Heidelberg, Lutero dijo: «Pero es digno de ser llamado teólogo quien entiende que las cosas reveladas y el "dorso" de Dios (*posteriori Dei*) [Éxodo 33:23] se ven a través de los sufrimientos y la cruz»[17]. Desde la perspectiva del filósofo, la cruz de Cristo es lo más opuesto a la verdad, la bondad y la belleza; pero vista desde las Escrituras, es la fuente misma de esas cosas. Pablo dijo en Corintios:

> Porque la necedad de Dios es más sabia que los hombres, y la debilidad de Dios es más fuerte que los hombres. [...] Sino que Dios ha escogido lo necio del mundo para avergonzar a los sabios; y Dios ha escogido lo débil del mundo para avergonzar a lo que es fuerte. También Dios ha escogido lo vil y despreciado del mundo: lo que no es, para anular lo que es. (1 Co 1:25, 27-28)

Cristo no se limita a enseñar la verdad, la bondad y la belleza, ni a simplemente guiar a su pueblo hacia ellas. Al venir a morar mediante el bautismo, rehace a las personas para que irradien una versión nueva y cruciforme de la verdad, la bondad y la belleza en sus vidas cotidianas. Gracias a la obra de Cristo, los cristianos se convierten en personas verdaderas, buenas y bellas que se regocijan al encontrar esas cosas en el mundo que las rodea, las reconocen como dones de Cristo y las utilizan para alabar a Dios y servir al prójimo. Las normas trascendentes cruciformes se encuentran en los lugares más inesperados: junto al lecho del enfermo, en el cuidado de los desvalidos, en la enseñanza de los jóvenes, etc. Pueden adoptar la forma de un suelo bien barrido, una correcta devolución del vuelto o un campo cuidadosamente arado. El mundo puede considerar que estas cosas carecen de importancia, son modestas o incluso feas, pero el cristiano las ve como lugares donde Dios, aunque oculto tras una máscara, está presente con su verdad, bondad y belleza.

Tal comprensión revela que el mundo es un lugar encantado lleno de maravillas y misterios. Lo natural y lo sobrenatural son un todo unificado en el que el Dios trino lo impregna todo y donde la verdad, la bondad y la belleza de Cristo se manifiestan donde menos lo esperamos[18]. Lutero captó este sentido de riqueza:

> Por eso, cada vez que escuchas a un ruiseñor, estás escuchando a un excelente predicador. Él te exhorta con este evangelio, no con simples palabras, sino con un hecho vivo y un ejemplo. Canta toda la noche y prácticamente se deja los pulmones chillando. Es más feliz en el bosque que encerrado en una jaula donde debe ser constantemente cuidado y rara vez se encuentra bien o incluso se mantiene vivo. Es como si dijera: «Prefiero estar en la cocina del Señor. Él ha hecho el cielo y la tierra», y él mismo es el cocinero y el anfitrión[19].

Lutero vio la belleza de Cristo en el ruiseñor que, con su sencillo canto, ofrecía alabanzas a Dios y dirigía a los cristianos hacia el evangelio. Este es el mundo que la educación clásica pone ante el niño: no un ideal inalcanzable, sino uno en el que el alumno ya vive. Mediante la enseñanza de las cosas trascendentales, los educadores cristianos buscan ampliar el horizonte de sus alumnos a fin de que, al descubrir el mundo que los rodea, puedan discernir las muchas y variadas manifestaciones de la verdad, la bondad y la belleza de Dios. Este mundo es refrescante y radicalmente distinto de todo lo que Platón imaginó jamás.

# Protocolos de tratamiento

## Contenido y métodos

En el siglo XVI, Desiderio Erasmo habló de la importancia de utilizar métodos atractivos para enseñar a los niños. Entre los métodos más innovadores que propuso estaba hacer letras de papel, pegarlas a un blanco de tiro y hacer que los alumnos deletrearan palabras disparando flechas a las letras[1]. Me gusta traer este ejemplo a colación cuando los educadores insisten en que antes los profesores no pensaban en involucrar a los alumnos, y que hoy, gracias a la investigación moderna, lo hacemos mucho mejor. Aunque estoy seguro de que un buen número de profesionales de la educación retrocederían horrorizados ante la idea de que los alumnos manejen armas, Erasmo demuestra que los buenos profesores siempre han reconocido el valor de lo que ahora se llama «aprendizaje activo». Una lectura rápida de los grandes educadores del pasado revela que reconocían la importancia de hacer que el aprendizaje fuera placentero y advertían contra los maestros que no se preocupaban de implicar a los alumnos. Aunque se interesaban por los buenos métodos, esto era secundario con respecto a los buenos contenidos.

Históricamente, la educación se basó en los contenidos. La educación basada en los contenidos pretendía proporcionar a los estudiantes los bloques constructivos de conocimiento que servirían de base para todo aprendizaje futuro. Esta premisa pedagógica, que fue la norma en la educación occidental hasta mediados del siglo XX, se considera ahora irremediablemente obsoleta. A menudo se argumenta que, como los alumnos pueden acceder tan fácilmente a Internet, no hay razón para que un profesor se concentre en los contenidos. En consecuencia, es mejor utilizar el tiempo para enseñar a los niños a ser «aprendices de por vida» y dejarlos buscar en Google lo que necesitan saber.

Este enfoque plantea dos problemas. En primer lugar, hace que el aprendizaje del niño dependa de los resultados ofrecidos por Google. ¿Es posible que Google, como muchas de las empresas tecnológicas de Silicon Valley, manipule sus resultados para ajustarlos a posturas ideológicas de raza, género y religión? Douglas Murray, en *The Madness of Crowds*, señala los sesgos incrustados en motores de búsqueda como Google[2]. Una búsqueda de «parejas blancas heterosexuales» da como resultado una página en la que, en las cuatro primeras líneas, hay solamente cuatro imágenes de verdaderas parejas blancas heterosexuales, mientras que el resto son homosexuales e interraciales. Una búsqueda de «arte europeo» incluye en el arte siete imágenes de personas de color y once imágenes de mujeres en las primeras quince imágenes. Incluye una imitación de la famosa «Creación del Hombre» de Da Vinci en la que tanto Dios como Adán son representados como mujeres negras. Un estudiante en busca de estas cosas podría perfectamente suponer que las parejas blancas heterosexuales son anomalías y que la mayor parte del arte europeo trata de mujeres y negros. El otro problema del enfoque «Que lo busquen en Google» es que los niños no pueden buscar en Google algo que no saben que existe. Por ejemplo, si un estudiante no sabe que Estados Unidos participó en la Primera Guerra Mundial —y sí, he tenido estudiantes universitarios que no lo sabían—, no buscará las razones por las que Estados Unidos entró en esa guerra. Además, la información que encuentre carecerá de contexto o significado. Este enfoque, lejos de ampliar la comprensión que un estudiante tiene del mundo, la atrofia. Si a los alumnos solo se les ofrecen actividades atractivas en el aula y se les permite construir su propia comprensión del mundo real, desconocerán para siempre el mundo de ideas que existe más allá de su limitado horizonte.

Solía intentar debatir con mis alumnos de pedagogía sobre la influencia del neomarxismo en la educación moderna. Generalmente era un ejercicio inútil porque no solo ignoraban los principios básicos del marxismo, sino que ni siquiera sabían quién era Karl Marx. Carecían del contenido necesario para examinar críticamente de qué manera esta ideología influía en sus métodos y planes de estudio. Por ende, se convirtieron en cómplices involuntarios de la promoción de ideas neomarxistas directamente contrarias a su confesión de fe. En general, se trataba de buenos estudiantes, pero eran producto de un sistema educativo que asignaba el valor máximo a los métodos y el mínimo a los contenidos[3].

Un plan de estudios basado en contenidos es especialmente importante para la educación cristiana porque se ocupa de enseñar conocimientos perdurables que los alumnos utilizarán el resto de su vida. Al hacerlo, comunica implícitamente que existen normas atemporales y que los alumnos viven en un mundo de grandes ideas y acontecimientos monumentales que son importantes cualquiera sea su perspectiva personal. Se trata de una lección vital si se tiene en cuenta que la Iglesia cristiana pretende catequizar a los alumnos en una fe que reivindica las grandes ideas y los acontecimientos más monumentales de todos los tiempos. Esta lección solo se aprende comprendiendo el contenido de esas ideas y acontecimientos.

El punto de partida de la educación basada en contenidos es la memorización[4]. Uno de los mitos educativos más populares es que esta es un obstáculo para la creatividad y el pensamiento crítico. Ignorando convenientemente el hecho de que casi todas las grandes mentes creativas de la historia memorizaron mucho cuando eran estudiantes, los detractores afirmarán que la memorización rara vez, o nunca, debería emplearse. Es revelador que un método que casi nunca se enseña en las facultades de pedagogía es cómo enseñar a memorizar. Sin embargo, como puede atestiguar cualquier padre que haya leído el mismo cuento una y otra vez, así es como aprenden los niños pequeños. Les sienta de maravilla. Desde la época de los antiguos hebreos, la memorización a temprana edad se ha entendido como un componente esencial para desarrollar la creatividad, ya que proporciona a los alumnos un almacén de información. A medida que maduran, pueden recurrir a este almacén para establecer conexiones con contenidos aparentemente inconexos y sintetizar algo nuevo[5].

En la etapa inicial de una educación clásica en artes liberales, la memorización ocupa una parte sustancial del plan de estudios. Esta disminuye gradualmente a medida que los estudiantes maduran y los profesores introducen otros métodos, como el razonamiento deductivo. Es como aprender a tocar el piano. Ningún alumno domina el piano simplemente a través de un «encuentro significativo» con la música. Para dominarlo, hay que aprender de memoria las notas, los sostenidos, los bemoles y la digitación correcta. Se requieren incontables horas de escalas, ejercicios y repetición. Los alumnos principiantes aprenderán a tocar algunas melodías sencillas, pero la memorización es el principal medio de instrucción. Una vez dominados los ejercicios, los alumnos progresan gradualmente hasta que son capaces de interpretar música y, a partir de allí, aprenden a ensamblar las notas en secuencias completamente nuevas para componer música.

Este mismo patrón se aplica a casi todo el aprendizaje. Los padres utilizan naturalmente la memorización para enseñar a sus hijos a hablar. A base de repetir como loritos, los niños aprenden vocabulario, gramática, ortografía, sintaxis y los innumerables matices necesarios para un uso eficaz del lenguaje. Esto continúa hasta que los niños pueden utilizar ese lenguaje para aprender por sí solos leyendo y participando en un diálogo inteligente. Por último, combinan todos los conocimientos adquiridos para formular creativamente nuevas ideas. Y así, el viaje hacia la creatividad empezó con la memorización.

La memorización no solo es la clave de la creatividad, sino que también es esencial para una formación catequética adecuada. Agustín comprendió que la capacidad de meditar sobre las cosas trascendentes de Dios estaba supeditada a la capacidad de memorización de la persona. Sin memorización, no había nada sobre lo cual meditar. Lutero sostenía que la memorización era un don sagrado. La capacidad de memorizar era una marca de la naturaleza espiritual del hombre. Las criaturas irracionales podían ver, oír y sentir; pero era el hombre espiritual el que podía recordar y meditar[6]. Comparó la memorización con la digestión de la comida por parte de una vaca. Tal como una vaca regurgita su bolo alimenticio para extraer más nutrientes de él, los cristianos recuerdan o regurgitan la Palabra de Dios que aprendieron de niños para reflexionar y extraer nuevas ideas y conocimientos. Todo empieza con el aprendizaje de memoria: los niños memorizan los diez mandamientos, el credo de los Apóstoles, el padrenuestro, salmos, himnos y canciones espirituales. Al hacerlo, adquieren un lenguaje sagrado que el Espíritu Santo utiliza para obrar la fe y la comprensión. Estas palabras se utilizan a su vez para alabar a Dios y edificar al prójimo.

## El plan de estudios de la escuela cristiana

Los profesores viven en un mundo de niños que se resfrían, olvidan hacer sus deberes y aman más el recreo que la lectura. Por esta razón, suelen tener una mentalidad muy práctica. A diferencia de los académicos universitarios, que se deleitan reflexionando sobre los temas más esotéricos que existen, los profesores quieren instrucciones directas sobre cómo hacer las cosas. La naturaleza de su profesión los lleva directamente al meollo de la cuestión: «¿Cómo enseño tal o cual asignatura?». A todos los profesores que lean esto, me temo que voy a decepcionarlos porque no voy a proporcionar una receta detallada de lo que debe enseñarse en una escuela cristiana clásica. Para ello hay muchas otras fuentes. Sin embargo, lo más importante es que no existe un único modelo de educación clásica. Lo que es apropiado para una escuela en un pueblo rural del norte de Ontario puede no serlo para un suburbio de Texas. Lo que funciona en una comunidad agrícola de Iowa puede no funcionar en Nueva York. Los profesores, como maestros del aprendizaje, son los más indicados para estructurar el plan de estudios y seleccionar los materiales adecuados a cada situación. Sin embargo, vale la pena examinar algunas áreas del plan de estudios para ilustrar cómo la teología determina tanto el contenido como los métodos. Aunque lo hago desde una perspectiva luterana claramente confesional, los maestros cristianos de otras confesiones podrán encontrar útil examinar el impacto que su propia confesión de fe tiene en temas particulares. En aras de la brevedad, examinaré el lenguaje, la música, la ciencia y la historia.

## *Lenguaje*

Hacia el final de la película *Tolkien* (2019), J. R. R. Tolkien, que ha sobrevivido a los horrores de la Primera Guerra Mundial, sostiene una conversación con su sacerdote, el padre Francis. Tolkien le pregunta al sacerdote qué ha estado haciendo. El padre Francis responde: «Paso todas las tardes con madres, con viudas. ¿Qué puedo decirles? "Sus hijos han muerto en una guerra para poner fin a todas las guerras". Las palabras son inútiles, al menos las palabras modernas. Pronuncio la liturgia. Hay consuelo, creo, en lo distante, en las cosas antiguas»[7]. Como señala el padre Francis, el mejor lenguaje se encuentra en las palabras antiguas: las palabras de la liturgia. Por esta razón, el lenguaje ocupa un lugar destacado en el currículo cristiano clásico. Cristo, la Palabra eterna de Dios hecha carne, no solo es el maestro de todas las palabras, sino que, por su acto de redención, ha dado sus palabras a su pueblo, a fin de que este las utilice con fines sagrados.

Esto tiene una doble importancia. En primer lugar, las palabras son el medio por el que Cristo actúa en la vida de su pueblo. Lutero observó que el imperativo del tercer mandamiento (Acuérdate del día de reposo para santificarlo) era «santificar la Palabra y gustosamente oírla y aprenderla»[8]. Puesto que Dios entra en la vida de su pueblo por medio de la Palabra, la intención del mandamiento es que el pueblo de Dios, al ocuparse en la meditación de la Palabra santa, sea santificado. Lutero escribió: «En verdad, los cristianos deberíamos hacer de cada día un día santo, y dedicarnos solo a cosas santas, es decir, ocuparnos diariamente en la Palabra de Dios, y llevarla en el corazón y en los labios»⁹. Tal meditación es importante porque las palabras poseen un poder formativo, es decir, producen lo que describen. A través de las palabras de la Escritura, Dios crea y sostiene la fe; y así, cuando Dios pronuncia palabras de verdad, bondad y belleza, esas cosas son creadas en la vida de su pueblo.

En segundo lugar, Cristo, como el maestro de las palabras, las ha redimido para convertirlas en objetos sagrados que se utilizan al servicio del prójimo. En la explicación del octavo mandamiento, «No darás falso testimonio contra tu prójimo», el *Catecismo menor* afirma que debemos elegir nuestras palabras de modo tal que «lo defendamos [a nuestro prójimo], hablemos bien de él y le expliquemos todo de la manera más amable posible». Los cristianos necesitan conocer las mejores palabras, para usarlas de la mejor manera, para que puedan ser de provecho para los demás. Este doble énfasis debería tener un profundo impacto en lo que se enseña en el aula cristiana.

En la educación pública, la alfabetización recibe mucha atención y dinero, a tal punto que se ha desarrollado toda una industria en torno a ella. Desgraciadamente, pese a los miles de millones de dólares gastados, no parece haber mucho que mostrar. En 2016, hasta un cuarenta por ciento de quienes completaron el examen de escritura ACT no demostraron las habilidades necesarias para aprobar el nivel universitario más básico[10]. Obviamente, hay muchos factores que contribuyen a ello; sin embargo, no se puede ignorar la forma en que el sistema educativo imperante considera el lenguaje. Uno podría suponer que la alfabetización incluiría la valoración de la literatura como un arte, desafiando a los estudiantes a comprender la plenitud de la literatura. Sin embargo, desgraciadamente, no es así. Una de las grandes críticas al ahora famoso plan de estudios común (Common Core) es que prácticamente ignora formas literarias como la poesía, la ficción y los relatos cortos. En el lenguaje educativo moderno, la alfabetización significa algo muy diferente y representa una comprensión del lenguaje que difiere totalmente de lo que tradicionalmente se supone.

Las facultades de pedagogía de todo el país promueven una visión neomarxista del lenguaje que sostiene que las palabras son herramientas utilizadas por los grupos dominantes para oprimir a las minorías. En consecuencia, insistir en que los niños utilicen «correctamente» las palabras perpetúa las estructuras «clasistas» de poder establecidas por los opresores (que invariablemente son descritos como blancos, varones y cristianos). Aparentemente, es mejor dejar que los alumnos asignen sus propios valores a las palabras y animarlos a utilizar el lenguaje de una forma que les resulte auténtica. Así las cosas, ¿por qué habrían de preocuparse por cosas como las oraciones incompletas o la concordancia entre sujeto y verbo? Han aprendido que es mucho mejor expresar sus pensamientos a su manera. A menudo he tenido alumnos universitarios que escriben algo contrario a los hechos, ilógico o simplemente incorrecto desde el punto de vista gramatical, y cuando se los confronta, dicen: «No me refería a eso». Para ellos, las palabras que utilizan no son tan importantes como aquello a lo cual se referían, y mi trabajo como profesor es interpretar sus palabras con el fin de averiguar lo que realmente están tratando de decir.

Aunque los educadores cristianos sí quieren que sus alumnos sepan leer y escribir correctamente, deberían tener un objetivo mucho más elevado. Deberían tratar de inculcar en sus alumnos una reverencia y un respeto por las palabras. Esto comienza con una instrucción cuidadosa y deliberada en gramática, ortografía y caligrafía. Desde el momento en que los niños cogen el lápiz, se les debe transmitir el mensaje de que se trata de algo especial y de que deben formar sus palabras correctamente. Esta necesidad es cada vez más apremiante, pues muchos profesores no han aprendido nunca las reglas básicas de la gramática, y mucho menos la manera de enseñarlas. Un artículo del *New York Times* reveló que menos de la mitad de los profesores de tercer a octavo grado habían seguido un curso universitario para enseñar gramática y escritura[11]. Fomentar este respeto por las palabras implica también seleccionar literatura de la mayor calidad, tanto en prosa como en poesía.

Gran parte de lo que actualmente se promueve como buena literatura infantil se juzga principalmente por su mensaje social. El mundo de la literatura infantil está inundado de historias que predican (y utilizo deliberadamente esta palabra) la inclusión de género, el globalismo, el activismo medioambiental, el feminismo y el egocentrismo bajo el disfraz de la autoestima. Obviamente, los educadores cristianos querrán elegir literatura que sea congruente con una cosmovisión cristiana, pero su primera preocupación debe ser que esté bien escrita y sea de calidad duradera.

Tal vez la mejor manera de transmitir a los alumnos respeto y reverencia por el lenguaje sea a través de la enseñanza de las lenguas sagradas de la Iglesia: el latín, el griego y el hebreo. Hay muchos argumentos excelentes para enseñar estas lenguas, pero tres son especialmente pertinentes[12].

En primer lugar, si los estudiantes conocen una sola lengua, se ven confinados a ella y son incapaces de verla con objetividad. Un estudiante que conozca el latín, el griego o el hebreo puede examinar su lengua materna con mayor objetividad. Las lenguas sagradas ofrecen una perspectiva de la gramática y el vocabulario que permite a los estudiantes elegir sus palabras con cuidado y precisión. Aunque lo mismo puede decirse del aprendizaje de cualquier lengua extranjera, las lenguas sagradas ofrecen una perspectiva única, pues son aquellas a partir de las cuales se desarrolló la nuestra. Personalmente, fue aprendiendo griego que empecé realmente a entender nuestra gramática: una experiencia compartida por muchos estudiantes que se inician en dicho idioma.

En segundo lugar, aprender una lengua sagrada permite a los alumnos estudiar las Escrituras y a los Padres de la Iglesia en su idioma original. Les permite «escuchar» a Moisés, Isaías, Lucas y Pablo hablando en su propia lengua. Pueden escuchar a Jerónimo, Agustín, Lutero y Johann Gerhard discutir la teología de la Iglesia. Leer las lenguas originales es como entrar en una gran sala de conferencias llena de los teólogos y clérigos más grandes de todos los tiempos y escuchar la conversación sin la ayuda de un traductor.

En tercer lugar, las lenguas sagradas son la defensa de la Iglesia contra la falsa doctrina. Humanamente hablando, la Reforma del siglo XVI no se habría producido de no haber sido por un renacimiento de las lenguas sagradas en el siglo XV, lo cual impulsó a muchos teólogos jóvenes, como Martín Lutero, a leer las Escrituras en sus idiomas originales. Al hacerlo, fueron capaces de quitar las capas de falsa doctrina que se habían acumulado a lo largo de los siglos y revelar la verdadera doctrina de Cristo. Lutero escribió:

> Porque el diablo intuyó que algo andaba mal y comprendió que, si las lenguas revivían, esto abriría en su reino un agujero que difícilmente podría detener [...]. Son como un visitante indeseable que llega a su casa; por eso decide recibirlo de manera tal que no se quede mucho tiempo. Muy pocos de nosotros, mis queridos señores, detectamos este malvado complot del diablo[13].

Vivimos en una época en la que los fundamentos mismos del lenguaje están siendo atacados. Para el pedagogo moderno, las palabras no transmiten la verdad: lo único que cuenta es la interpretación personal. Es un ángulo de ataque muy eficaz; porque si las palabras no transmiten la verdad, entonces toda la doctrina cristiana ha de caer. Si los neomarxistas ven el lenguaje como un medio de opresión, entonces el lenguaje de la Iglesia —sus confesiones, su doctrina e incluso su liturgia— se puede descartar como si fueran antiguas herramientas para ejercer control sobre las mentes. Para que la Iglesia sobreviva como la Esposa confesante de Cristo, debe pasar a la ofensiva y enseñar a sus hijos los idiomas de las Escrituras.

Si los expertos en educación contemporáneos dicen que las palabras son meras construcciones sujetas al valor que cada individuo les asigne, entonces la Iglesia debe enseñar a los niños el lenguaje como una forma de comunicar la verdad objetiva. Si los pedagogos de las escuelas públicas afirman que las lenguas antiguas no tienen cabida en las aulas modernas, la Iglesia debe enseñarlas a sus hijos. Esto no quiere decir que todos los maestros o padres que educan a sus hijos en casa sean capaces de enseñar latín, griego y hebreo. En la práctica, pocos son capaces de hacerlo; sin embargo, eso no debe impedir que los educadores introduzcan a los alumnos en las lenguas sagradas. Cualquier profesor o padre puede comenzar con la enseñanza del latín básico y, si se cuenta con los recursos y las capacidades necesarias, pasar al griego e incluso al hebreo. Aunque los alumnos no lleguen nunca a dominar esas lenguas —como será el caso de la mayoría—, sentirán un mayor aprecio y respeto por esas palabras perdurables como instrumentos que Dios usa para comunicarles la verdad.

## *Música*

Para la mayoría de la gente hoy en día, la música se valora simplemente como una forma de entretenimiento. Pocos consideran su valor educativo como vehículo para transmitir algo más profundo y significativo. Aunque la gente siempre ha disfrutado con una buena melodía, durante la mayor parte de la historia de la educación, la música tuvo un papel mucho más importante. Los antiguos griegos apreciaban la música interpretada, pero en los círculos académicos se trataba principalmente como una de las ciencias. Era un estudio matemático de la armonía de los sonidos en el tiempo. Esta perspectiva se remonta al filósofo Pitágoras (570-490 a. C.), que observó que los planetas se movían juntos en simetría matemática para producir una armonía musical inaudible.

Esta concepción matemática de la música se introdujo en la pedagogía cristiana primitiva. Cuando alguien como san Agustín intentó «cristianizar» las artes liberales en el siglo V, conservó esta concepción pitagórica de la música, adaptándola para apoyar la teología cristiana. Agustín creía que el valor educativo de la música residía en su representación del orden matemático y la perfección de Dios.

En algún grado, esta concepción siguió dominando la educación cristiana hasta la Reforma, cuando Lutero dio un giro radical al estudio de la música. Aunque seguía apreciando los aspectos matemáticos de la música, consideró que el objetivo principal de esta era mover el alma a contemplar la gracia de Cristo y dar gracias a Dios[14]. El papel que Lutero y los evangélicos asignaron a la música en el currículo escolar fue posiblemente una de sus contribuciones más significativas a la educación. Para Lutero, ningún elogio de la música era excesivo; la llamó «un extraordinario don de Dios» y le asignó un valor «cercano al de la teología»[15]. La música era de tal importancia para la pedagogía evangélica que Lutero creía que era un prerrequisito esencial para todo maestro. Dijo: «Quien sabe música es alguien de buena disposición. La necesidad exige que se mantenga la música en las escuelas. Un maestro de escuela debe saber cantar; de lo contrario, no lo miro»[16]. Lutero veía la música como «casi un disciplinador» y un «maestro de escuela» que movía a los estudiantes a ser «más gentiles y dóciles, más modestos y discretos»[17]. Mucho más que un mero ornamento litúrgico o un objeto de belleza estética, la música era valorada por sus cualidades retóricas, ya que movía a la persona hacia el bien y la alejaba del mal y de las influencias demoníacas. Estos efectos benéficos no se producían solamente por escuchar música, sino también por participar en ella, de modo que se enseñaba a todos los estudiantes a cantar, principalmente en los cantos de la iglesia.

Cuando se establecieron las escuelas luteranas confesionales en los Estados Unidos durante el siglo XIX, la atención que se prestó a la instrucción musical prácticamente no tenía igual en ningún otro sistema escolar público o parroquial de la época. Cada maestro de escuela luterano estaba tan bien formado que a menudo actuaba como músico parroquial. El cuerpo eclesiástico publicaba planes de estudios musicales cuidadosamente planificados para todos los niveles de edad y prescribía el canto para las primeras horas de la jornada escolar. La música se valoraba como una herramienta indispensable para enseñar las doctrinas de la confesión evangélica y comunicar una comprensión de la piedad cristiana personal. La mejor música que tenían para lograr esto era la coral luterana[18]. En las escuelas luteranas se enseñaba a los niños un conjunto estándar de corales que también eran cantados por la congregación. Un plan de estudios comúnmente utilizado era el *Liederpensum* que, si se seguía, hacía que los niños memorizaran 156 estrofas de 36 himnos y corales para el final del octavo grado. Este régimen preparaba a los niños para cantar de memoria alrededor de la mesa familiar y unirse al canto congregacional durante el Servicio Divino del domingo en la mañana[19].

Cuando el modelo de educación progresista de Dewey se puso de moda en el siglo XX, la naturaleza de la educación musical cambió. La música pasó a ser valorada por su efecto terapéutico, su papel en la construcción de la alfabetización cultural, la promoción de la autoexpresión y el desarrollo de la creatividad. Esta influencia se dejó sentir en las escuelas luteranas a medida que la apreciación musical fue sustituyendo gradualmente al canto de corales. Aunque el canto se mantuvo, a menudo los niños aprendían canciones bíblicas «apropiadas para su edad» que los expertos en educación habían considerado más significativas para ellos.

Este cambio trajo consigo un declive de la alfabetización musical. Hasta mediados del siglo XX era natural que la gente cantara junta en casa, en las escuelas y, por supuesto, en las iglesias. Hoy, el canto comunitario en general se ha convertido en una actividad extraña, y rara vez se escuchan los cantos de la Iglesia fuera de sus muros. La música se ha convertido simplemente en algo que es presentado —una mercancía que se consume y se mide por su valor como entretenimiento—. Según algunos informes, menos del cincuenta por ciento de la población es capaz de leer la música más básica, y pocos cristianos tienen un repertorio de himnos que vaya mucho más allá de *Sublime gracia* y *Cuán grande es él*. Se ha perdido la herramienta que los educadores evangélicos utilizaban para enseñar doctrina y edificar la piedad: el coral. Para una Iglesia que depende tanto del canto congregacional, esto supone una crisis. En una Iglesia litúrgica, el canto congregacional constituye hasta el cincuenta por ciento del servicio. Si la gente no puede cantar, su capacidad de participar en el culto congregacional se ve limitada, y eso le impide experimentar toda la fuerza catequética de los himnos y la liturgia. No es de extrañar que, en muchas iglesias, la música se haya reducido a una banda «cristiana contemporánea» que «actúa» para la congregación, dirigiéndola con estribillos concisos, sencillos y fáciles de aprender.

A los niños evangélicos se les debe enseñar su propia y rica herencia musical y sus himnos, dando a la música de la Iglesia el lugar que le corresponde en el currículo evangélico. Esto no requiere mucha tecnología, planes de estudio caros o una formación altamente especializada. Todo lo que se necesita son buenos himnarios y el instrumento más barato y universal de todos: la voz humana. Si los educadores se atreven a recorrer este camino bien trazado de la educación musical, sus alumnos estarán bien preparados para unirse a los «ángeles, arcángeles y a toda la compañía del cielo» ofreciendo sus voces en cantos de alabanza a todo pulmón.

## Ciencia

Históricamente, las artes liberales se han dividido en artes inferiores y superiores. Las tres artes inferiores —Gramática, Dialéctica y Retórica— pertenecían al Trivium, que constituía la base de todo aprendizaje futuro y preparaba a los estudiantes para leer bien, razonar de manera convincente y hablar con elocuencia. Las cuatro artes superiores —o *Quadrivium*— eran artes numéricas. La Aritmética (números en secuencia), la Geometría (números en el espacio), la Música (números en el tiempo) y la Astronomía (números en el espacio y en el tiempo) preparaban a los estudiantes para comprender el mundo que los rodeaba. En la época medieval, estas artes superiores, o ciencias, permitían a los estudiantes ver el mundo como una creación de Dios intrincadamente ordenada y los preparaban para estudiar teología. La ciencia preparaba al estudiante para entender la teología, y la teología le permitía comprender adecuadamente la ciencia. Por esta razón, la teología se consideraba la «Reina de las ciencias», el objetivo último de todo aprendizaje, que Lutero denominaba «la cabeza de todas las ramas del conocimiento»[20]. Hoy pocos darían a la teología ese título[21].

Quienes luchan por ver cómo las artes liberales se relacionan con la ciencia se quedan perplejos cuando se trata de la relación entre la teología y la ciencia. Para las mentes contemporáneas, la ciencia es una materia práctica que se ocupa del «mundo real», y la teología es subjetiva, indemostrable e irrelevante para la vida cotidiana. Sostienen que la teología tiene poco que decir sobre la condición humana moderna y menos aun sobre la actual monarca reinante del mundo educativo: la ciencia. Sin embargo, hoy en día la ciencia necesita más de la teología que en cualquier otro momento desde que inició su ascenso. ¿Por qué? Porque la ciencia busca respuestas que solo la teología puede ofrecer. Y yo diría, además, que la teología evangélica es la mejor preparada para dar esas respuestas, pues da un valor único a lo que atañe a las ciencias modernas: el mundo físico.

La mal llamada «Ilustración» del siglo XVIII separó la teología de la ciencia[22]. Los filósofos sostuvieron que el mundo físico era la esfera de lo secular y la teología era la esfera de lo espiritual. Debido a esta separación, la teología quedó excluida de cualquier discusión sobre el mundo físico. La Iglesia siguió esta corriente con demasiado buena disposición. Sin embargo, la verdad de la obra redentora de Cristo revela que no existe un mundo realmente secular. En Cristo, todo es sagrado. Cristo se hizo carne y sangre para redimir tanto el cuerpo como el alma, haciendo eficazmente sagrados los reinos físico y espiritual. A esto se refiere Pablo cuando dice que Cristo está «sobre todos, por todos y en todos» (Ef 4:6). Cristo está oculto en el mundo físico, lo cual significa que, aunque no pueda ser visto a través de un microscopio o de un algoritmo muy avanzado, se revela a través de la lente cristológica de la verdad, la bondad y la belleza. Sin esa lente, solo existe la observación humana, que, debido a la naturaleza caída de la humanidad, es defectuosa y susceptible de ser malinterpretada.

Al hablar de la importancia de la ciencia en la educación, el presidente Barack Obama dijo: «[La ciencia] es más que una asignatura escolar, o la tabla periódica, o las propiedades de las ondas. Es un enfoque del mundo, una forma crítica de entender, explorar, interactuar con el mundo, y luego tener la capacidad de cambiar ese mundo...»[23]. Reflejaba la opinión generalizada de que la ciencia es capaz de dar respuesta a las preguntas verdaderamente importantes de la vida. El problema es que la ciencia solo proporciona información. No puede proporcionar la sabiduría necesaria para interpretar y aplicar correctamente lo que se ha aprendido. La verdad, la bondad y la belleza de Cristo nos permiten utilizar correctamente los conocimientos adquiridos a través de la ciencia, empleándolos para el bien de nuestro prójimo. Con los avances de la investigación científica, la necesidad de esta perspectiva es primordial. El progreso de la tecnología ha puesto de relieve la necesidad de una sólida comprensión de la ética (lo bueno). Por ejemplo, el desarrollo de la manipulación genética de embriones humanos requiere una comprensión del primer artículo del credo. Del mismo modo, las redes sociales, con su capacidad de destruir fácilmente la reputación de una persona, exigen que los programadores entiendan el octavo mandamiento. Si el programador o el científico no tienen un fundamento en lo bueno, ¿en qué basarán sus decisiones? Ahora, más que nunca, necesitamos líderes en ciencia y tecnología que comprendan las normas trascendentes y puedan incorporarlas a la tecnología en beneficio de la humanidad.

En lugar de separar la teología de la ciencia, la educación evangélica clásica une las dos y las trata como parte del todo unificado de la educación, en el que Cristo ilumina a ambas. La ciencia es dominio de Cristo tanto como la teología. Esto no significa que la ciencia deba enseñarse como una asignatura basada en la Biblia, o que cada afirmación tenga que probarse a partir de las Escrituras. Esto no solo sería una construcción artificial y una mala aplicación de las Escrituras, sino que sencillamente no es necesario. El mundo físico ya es un lugar sagrado en el que Dios actúa con su cuidado providencial para satisfacer las necesidades de la humanidad. Un enfoque verdaderamente iluminado —iluminado por la comprensión cristológica de la verdad, la bondad y la belleza— revelará aquello.

No solo la teología ilumina a la ciencia, sino que también ocurre lo inverso. La ciencia natural es una herramienta indispensable para comprender la plenitud de Dios. Esto llevó a Lutero a escribir:

> Con el apoyo de las disciplinas matemáticas —indiscutiblemente reveladas por Dios—, el ser humano, en su mente, se eleva muy por encima de la tierra; y dejando atrás las cosas que están en la tierra, se ocupa de las cosas celestiales y las explora. A diferencia de las vacas, los cerdos y otros animales, esta capacidad única es exclusiva de los humanos. Por consiguiente, los humanos están destinados a habitar en los reinos celestiales y a experimentar la vida eterna una vez que abandonen la tierra. Esta noción se ve corroborada por la capacidad de la humanidad para no solo conversar y emitir juicios (propios de la dialéctica y la retórica), sino también para asimilar a fondo todas las ciencias[24].

Desde esta perspectiva evangélica, la ciencia se convierte en un viaje de descubrimiento que revela el mundo como un lugar encantado lleno de maravillas y misterios, donde lo natural y lo sobrenatural se unen para producir un mundo mucho más complejo e intrincado de lo que el científico secular puede imaginar. Cuando un astrofísico moderno estudia las estrellas, todo lo que ve son cuerpos gaseosos lejanos. Su disciplina solo le permite hacer conjeturas sobre su composición, su edad, los efectos de su existencia, etc. Cuando Johannes Kepler estudió las estrellas, también reflexionó sobre esas cosas, pero vio igualmente una revelación del plan providencial de Dios que se hacía evidente a través de los patrones del cosmos[25]. Escribió: «Ciertamente, tal es la obra divina del Dios Bueno y Grande [...] el inmenso mundo es sagrado»[26]. Para Kepler, el mundo natural era un libro que no debía leerse en oposición a las Sagradas Escrituras, sino junto con ellas. Ambos tienen el mismo autor, y ambos revelan al mismo Dios. Cuando esta perspectiva evangélica clásica se compara con el modo en que se enseña la ciencia en las escuelas públicas, donde se la presenta como un conjunto de hechos inconexos carentes de significado, resulta realmente atractiva. No solo fomenta una conexión entre los alumnos y la relevancia del contenido, sino que además permite a la Iglesia reclamar su legítimo papel como maestra, tanto de teología como de ciencia.

## Historia

En la introducción de un manual de historia de uso común en la enseñanza secundaria figura la siguiente explicación del estudio de la historia:

> Adoptamos dos temas que sirven como médula espinal de nuestra historia: «tecnología y medio ambiente» y «diversidad y dominio». El primer tema representa las bases materiales comunes de todas las sociedades humanas de todos los tiempos. No concede ningún favor especial a ningún grupo cultural [...]. El segundo tema expresa la realidad de que toda sociedad humana ha construido o heredado estructuras de dominación.
>
> Así, al narrar la historia de los imperios, describimos una serie de experiencias humanas dentro y fuera de las fronteras imperiales sin dar por sentado que las instituciones imperiales sean un tema de análisis más adecuado que la organización económica y social de los nómadas pastores o la vida de las campesinas[27].

El libro sostiene que la historia trata de cómo diversos grupos de poder (por lo general definidos casi exclusivamente como blancos, europeos y masculinos) han subyugado a diversos grupos más débiles y han construido un relato histórico que perpetúa su estructura de poder. Considera al historiador como alguien que identifica los relatos opresivos dominantes y da voz a los oprimidos. Este punto de vista no se limita a ese manual en particular. El enfoque predominante en la educación estadounidense actual es que la historia no enseña grandes temas, verdades perdurables o lecciones unificadoras. Es simplemente un conjunto dispar de relatos personales que reflejan diferentes perspectivas. No importa si la narración pertenece a un campesino analfabeto o a un líder de un gran reino. Cada uno tiene su propia perspectiva personal de igual valor. Además, según este enfoque, la historia no es el desarrollo de los acontecimientos que resultan de las acciones llevadas a cabo por las personas, sino un resultado aleatorio de tendencias y estructuras económicas, sociales o políticas. Por ejemplo, afirmaría que la Reforma no se produjo porque Lutero adoptó una postura basada en sus convicciones teológicas, sino porque las condiciones sociales de Alemania eran tales que las estructuras opresivas establecidas por Roma tenían que ser derrocadas. En el verano de 2020, el Departamento de Educación de la ciudad de Nueva York se comprometió a desmantelar y revertir los efectos del racismo institucional —sin definir qué es el racismo institucional— y a enseñar a los estudiantes «historias de personas de diferentes razas, capacidades, géneros, etnias, idiomas y más» para que aprendan a valorar la diferencia y la diversidad[28]. Este es solo un ejemplo. En todo el país, es seguro que los consejos de educación estatales buscarán más fuertemente la elaboración de planes de estudios en torno a la diversidad, la inclusión y las políticas identitarias, y habrá muchos que insistirán en que este imperativo se extienda a las escuelas cristianas.

La Iglesia tiene su propio enfoque de la historia, que ha demostrado ser favorable a sus confesiones y beneficioso para su pueblo. En primer lugar, es teocéntrica: se trata de la forma en que Dios dispone los asuntos de los hombres para la ejecución de la voluntad de él. Lejos de ser una serie de acontecimientos inconexos, hay un relato global, un tapiz rico e intrincado en el que cada hilo revela el cuidado providencial que Dios ejerce sobre su creación y la realización de su plan de salvación. En *A los concejales de todas las ciudades de Alemania*, Lutero escribió que «ellas [las crónicas y las historias] son una maravillosa ayuda para comprender y guiar el curso de los acontecimientos, y especialmente para observar las maravillosas obras de Dios»[29].

Los evangélicos del siglo XVI veían la historia como un portal que permitía a los estudiantes adentrarse en el mundo del pasado y aprender de los ejemplos tanto de malévolos como de piadosos; tanto de malos como de virtuosos. Escribiendo sobre el valor de la historia, Lutero dijo que los niños aprendían cómo «Dios mantiene, gobierna, obstaculiza, promueve, castiga y honra a los hombres, según cada uno haya merecido lo bueno o lo malo». Puesto que la historia narraba los momentos de la acción divina, al maestro le correspondía relatar los hechos históricos «como si estuvieran en las Escrituras». Por esta razón, los historiadores debían escribir las historias «con sumo cuidado, fidelidad y verdad»[30]. En las escuelas evangélicas del siglo XVI, a los niños se les debía enseñar historia «no solo en las Sagradas Escrituras, sino también examinando los textos paganos, para comprender cómo los individuos mantenían las tradiciones, las declaraciones y los hechos de sus antepasados». Esto era especialmente importante para aquellos que un día se convertirían en líderes cívicos. Lutero exhortó: «Por lo tanto, sería del mayor valor para la clase dirigente si, desde su juventud, leyeran, o se los hiciera leer, libros de historia, tanto sagrados como seculares. En estos libros encontrarían más ejemplos sobre el arte de gobernar que en todos los libros de leyes»[31].

¿Qué puede aprender de esto el educador evangélico moderno? En primer lugar, debemos observar con ojo crítico los enfoques modernos de la historia. Al igual que todos los demás aspectos de la pedagogía, la forma de abordar el estudio de la historia no es neutral. El profesor cristiano no puede simplemente incorporar los enfoques recomendados por el Estado sin debilitar la confesión cristiana. Un plan de estudios que no pueda reconocer al Dios que dirige la historia o que no identifique a las figuras históricas malvadas o virtuosas, estará trabajando en contra de los objetivos de la educación cristiana.

En segundo lugar, debemos desarrollar una comprensión teocéntrica moderna de la historia. No podemos reproducir la forma en que se leía la historia en el siglo XVI, ni deberíamos querer hacerlo. Vivimos a cinco siglos de distancia de esa época. Pero ¿no podemos desarrollar un currículo de historia centrado en la gracia de Dios en Cristo Jesús, en el Señor Dios como Dios de la historia, y en su forma de ordenar los asuntos de los hombres para bien? Un plan de estudios así no debería idealizar el pasado. Debería describir con precisión a las personas, con sus debilidades y pecados, exactamente como las Escrituras las describen. Esto no solo estaría de acuerdo con lo que enseñamos, creemos y confesamos, sino que sería una visión infinitamente más edificante de la historia que todo lo que promueven actualmente nuestros pedagogos seculares.

En tercer lugar, la historia debe integrarse en el plan de estudios general. No es una asignatura aislada. El estudio de la ciencia está incompleto sin un conocimiento de la historia de la ciencia. El estudio de la literatura queda mermado si no se sitúa en su contexto histórico. Las controversias teológicas se producen en el contexto de acontecimientos históricos. La historia debe entenderse como parte de un todo unificado, en el que cada aspecto del plan de estudios forma parte del relato global de la historia de Dios, quien actúa en la vida de los hombres y da forma a los asuntos de la Iglesia.

# Una educación clásica en artes liberales: La formación de pensadores cristianos

En las últimas dos décadas, los educadores cristianos conservadores han mostrado un interés creciente por la educación clásica en artes liberales, el cual ha trascendido las fronteras confesionales y ha encontrado un terreno receptivo entre luteranos, reformados, ortodoxos y católicos romanos. La educación cristiana clásica en artes liberales representa ahora el segmento de más rápido crecimiento del «mercado» educativo cristiano. Mientras muchas escuelas parroquiales tradicionales han ido cerrando, se han ido abriendo escuelas cristianas clásicas, a menudo sin ayuda alguna de organizaciones eclesiásticas matrices. Este movimiento a nivel de las bases ha sido impulsado por padres, pastores, escuelas y parroquias que buscan una pedagogía auténtica y fiel a la confesión de la Iglesia. Muchos profesores se han sentido atraídos porque están cansados de las puertas giratorias de las teorías educativas. También reconocen que las pedagogías predominantes en la educación estadounidense son hostiles a la confesión cristiana. En la educación clásica de artes liberales han descubierto un modelo desarrollado por la Iglesia, que apoya la fe, y ha demostrado ser superior a todo lo que el sistema educativo actual puede ofrecer. No se trata solo de una moda educativa. A medida que el movimiento ha ido madurando, ha desarrollado normas responsables, emprendido investigaciones académicas serias e instituido rigurosos programas de formación del profesorado.

El modelo de educación clásica en artes liberales es increíblemente adaptable a una amplia variedad de circunstancias. Muchas escuelas cristianas clásicas independientes están situadas en barrios acomodados donde los padres pueden permitirse la matrícula que exige la educación privada. Quizás debido a esto, a veces se acusa injustamente de elitismo a la educación clásica en artes liberales. En la Iglesia luterana, la educación clásica se ha utilizado con éxito en casi todos los entornos socioeconómicos imaginables, pues las escuelas suelen estar vinculadas a la parroquia local. Ha sido eficazmente aplicada en escuelas de zonas rurales de Illinois, suburbios de Virginia, pequeñas ciudades de Wyoming y zonas urbanas de Texas. Una de las primeras escuelas clásicas luteranas fue creada por una Iglesia urbana de Fort Wayne, Indiana, en la que una gran mayoría de los alumnos procedían de hogares económicamente desfavorecidos. Mi propia experiencia fue en una escuela rural del norte de Ontario, donde los niveles de rendimiento educativo y económico estaban muy por debajo de la media nacional. La cuestión es que los niños son niños, la enseñanza es la enseñanza y la educación clásica en artes liberales es eficaz en todos los entornos. Aunque el enfoque adoptado por cada una de estas escuelas es diferente, han adaptado el modelo a las necesidades y los retos únicos de la comunidad local. Al mismo tiempo, existe una sorprendente uniformidad proveniente de una confesión de fe compartida y del deseo de hacer de esa confesión la fuerza normativa que inspira todo lo que se hace en la escuela. Los consejos escolares y el profesorado son implacables a la hora de preguntarse: «¿Es esto coherente con lo que enseñamos, creemos y confesamos?».

En estas escuelas, los alumnos son tratados con un nivel de respeto engendrado por la propia pedagogía. Los alumnos son coherederos de Cristo y merecen que se les enseñe la sabiduría procedente de él que los beneficia espiritual, emocional y académicamente. Su condición de hijos del Dios eterno e intemporal dicta que se les enseñen cuestiones de valor eterno e intemporal. Esto contrasta con los modelos educativos promovidos por el gobierno, que son comparativamente intensivos en recursos y dependientes de lo último en tecnología y software educativos. Los profesores necesitan constantemente actualizarse y reciclarse para poder aplicar las estrategias de aprendizaje y los planes de estudio más actuales. Las aulas tienen que estar equipadas para dar cabida al «aprendizaje activo» y satisfacer las necesidades de una variedad infinita de estilos de aprendizaje. Para los educadores cristianos que intentan emular o adaptar un modelo aprobado por el gobierno, la realidad es que muchas escuelas —especialmente las parroquiales— simplemente no tienen los recursos para hacerlo. Por consiguiente, imitan a sus homólogos de la educación pública con un déficit de recursos. Una de las ventajas prácticas de la educación clásica en artes liberales es que los recursos son relativamente accesibles y baratos. En esencia, todo lo que necesita un aula de estilo clásico es un buen profesor, algunos buenos libros, bolígrafos y papel. Obviamente, la educación clásica en artes liberales no rechaza el uso de tecnología en el aula ni de buenos medios de enseñanza. He visto algunas escuelas clásicas utilizar tecnologías que ni siquiera estaban disponibles en muchas escuelas públicas. No es que la educación clásica rechace la tecnología. Simplemente no depende de ella: es secundaria con respecto al modelo pedagógico. Esto hace que la educación clásica en artes liberales sea adaptable para uso en escuelas parroquiales de recursos limitados, pequeñas cooperativas escolares y familias que practican la escolarización casera. También la convierte en un modelo especialmente atractivo para los educadores de los países en desarrollo, donde los recursos son limitados y el apoyo tecnológico es escaso.

Pasar al modelo histórico de educación de la Iglesia tiene implicaciones dramáticas para los profesores. Dado que el currículo es rico en contenidos, los profesores tienen que dominar lo que enseñan; conocer su material lo suficientemente bien como para poder discriminar entre contenidos buenos y contenidos pobres. La hostilidad del Estado ante los objetivos de la educación cristiana hace que esta habilidad sea aun más esencial. Los profesores también necesitan conocer la teología y la pedagogía cristiana lo suficientemente bien como para evaluar si tanto el contenido como los métodos se ajustan o no a la sabiduría de Cristo, a los objetivos de la educación evangélica y a las confesiones de la Iglesia. Esto es algo difícil de hacer, y no existe una métrica para evaluar la competencia en esta área. Sin embargo, para un verdadero maestro evangélico, es una de las habilidades más esenciales[1].

Esto no quiere decir que los profesores deban ignorar los avances en los métodos de enseñanza y similares. A veces se dice que la educación liberal clásica rechaza todas las innovaciones. Mi experiencia me dice lo contrario. Los profesores tienden a examinar cuidadosamente los materiales y los métodos de enseñanza para ver si están en consonancia con la filosofía y la teología generales de la educación cristiana.

Implementar un programa de pedagogía clásica en una escuela ya existente no es tarea fácil. Jamás el viejo adagio «cambiar nunca es fácil» resulta más cierto que cuando se trata de desechar ideas y métodos arraigados en nuestra conciencia educativa. Sin embargo, eso es lo que se debe hacer. Se requiere una evaluación desapasionada de toda la naturaleza de la educación cristiana con el objetivo de reformarla para hacerla verdadera y completamente cristiana. Los padres, los consejos escolares, el personal y los sostenedores de las escuelas deben comprometerse a llevar a cabo los cambios necesarios. No nos equivoquemos: implementar un modelo clásico de educación es trabajo duro. No hay atajos. Los implicados en la escuela deben estar preparados para esta realidad. Los padres deben darse cuenta de que se esperará más de los alumnos. Los consejos escolares deben aceptar que pasarán años antes de que la nueva cultura de aprendizaje se convierta en la norma. Los sostenedores deben ser pacientes y comprender que su inversión solo les reportará dividendos después de algunos años. Sin embargo, esos dividendos justificarán la inversión.

Un estudio reciente realizado por el Departamento de Sociología de la Universidad de Notre Dame para la Asociación de Escuelas Cristianas Clásicas comparó a exalumnos de seis tipos de escuelas diferentes. La encuesta reveló que los exalumnos de las escuelas clásicas «piensan y viven de una manera notablemente diferente a la de sus compañeros de otros modelos educativos. Casi el 90 % de ellos asiste a la iglesia al menos 3 veces al mes, y participan en otras actividades eclesiásticas en mayor proporción. Es 2,6 veces más probable que oren solos y 6,7 veces más probable que sean lectores». Los graduados fueron mucho más propensos que sus compañeros a aceptar la autoridad de la Iglesia y, a la vez, tener un alto concepto de la ciencia. En consecuencia, eran más propensos que cualquier otro grupo a considerar que la ciencia y la religión son compatibles. Contrariamente a la acusación de que una educación clásica en artes liberales aplasta el pensamiento crítico sano, el estudio también reveló que, pese a ser más propensos a permanecer fieles, siguen cuestionando su fe. El estudio también concluyó que tienen «tasas de divorcio y cohabitación mucho más bajas en comparación con otros grupos» y son «los mejor preparados académicamente; más del doble que el grupo siguiente»[2].

La validez de la pedagogía de la Iglesia debería basarse en su integridad teológica y no en los resultados estadísticos. Sin embargo, estos resultados no deberían sorprendernos. Si los niños han sido formados con rigor y en humildad intelectual, es natural que sean más propensos a someterse a la autoridad de la Palabra y unos a otros. Y si se les ha enseñado a amar lo que es intemporal, es natural que crezcan amando al Dios único que «era en el principio, es ahora y será siempre».

Sospecho que una buena cantidad de profesores cristianos ya perciben una desconexión entre los modelos educativos imperantes y su confesión de fe, y albergan el deseo de algo mejor[3]. Tal autoevaluación es difícil, pero vale la pena. Si lo hacen, descubrirán que realmente existe un modelo educativo que les permite hacer lo que querían hacer cuando empezaron a enseñar: formar mentes jóvenes con la sabiduría de Cristo.

Las facultades de educación de las universidades cristianas también deben estar preparadas para evaluar críticamente las pedagogías que se promueven. Aquí hago un llamado especial a mis colegas de la educación para que se unan a una exploración de cómo la confesión de la Iglesia da forma a la capacitación del profesorado.

No se trata de un cambio de paradigma fácil. Implicará alejarse del énfasis tradicional en los cursos de metodología cultivando profesores que deseen un contenido excelente y una teología sólida. Significa sustituir el canon estándar de los educadores seculares modernos por los grandes pedagogos cristianos de la historia. Hay que enseñar a los futuros profesores a no depender de un plan de estudios preestablecido, sino a conocer tan bien su tema que puedan crear las lecciones apropiadas para enseñar el material. Esto, y no la licencia estatal, es lo que hace que un profesor esté bien cualificado. Esta medida tiene más de dos milenios de antigüedad. El educador romano Quintiliano dijo:

> La justificación más convincente para confiar a un joven a educadores excepcionales reside en la seguridad de que, bajo su tutela, los alumnos articularán contenidos dignos de emulación o serán corregidos rápidamente cuando cometan errores. Por el contrario, un profesor desinformado puede respaldar inadvertidamente contenidos defectuosos y, a través de su respaldo, recomendarlos a su audiencia. Por consiguiente, del mismo modo que Fénix, en Homero, un educador debe sobresalir tanto en elocuencia como en integridad moral, y poseer la capacidad de instruir a sus alumnos tanto en comunicación como en conducta[4].

En los siglos XVI y XVII se redactaron cientos de órdenes escolares para las escuelas de los territorios evangélicos. Por lo general, estas órdenes no prescribían planes de estudios, normas para los exámenes, prototipos de planes de lecciones u objetivos de aprendizaje preferidos. No obligaban a los maestros a asistir a colegios especiales ni a tomar clases de métodos específicos para cada edad o materia. En resumen, no prescribían las mismas cosas que impulsan gran parte de la educación gubernamental contemporánea. Lo que recibía más atención en estas órdenes era la confesión y el carácter del maestro. Enfatizaban la importancia de que los maestros fueran virtuosos, llevaran una vida sana, tuvieran una confesión de fe correcta y se atuvieran a la verdadera doctrina. Los maestros debían ser cultos, amar el aprendizaje y amar a sus alumnos. Los formuladores de las órdenes escolares comprendían que, para tener alumnos sabios y elocuentes, necesitaban maestros sabios y elocuentes. No estoy sugiriendo que intentemos reconstituir las escuelas del siglo XVI o de cualquier otro período histórico. El mundo en que vivimos es muy diferente. Tenemos experiencias y perspectivas diferentes tanto de lo que sabemos como de nuestra forma de entender a los niños. Lo que sugiero es que volvamos a los principios fundamentales de la educación cristiana —cuya fuente se encuentra en los grandes maestros del pasado— y los utilicemos como la base para construir un camino hacia el futuro.

Hay que poner fin a la época en que se buscaba la aprobación del gobierno para los profesores de la Iglesia. No buscamos la aprobación del Estado para nuestros pastores o diaconisas, músicos parroquiales o directores de educación cristiana. Sería un insulto para ellos. Sería como decir que la formación que han recibido de la Iglesia es insuficiente para llevar a cabo su vocación. Deberíamos conceder la misma dignidad a nuestros profesores. Los maestros cristianos aman la sabiduría de Cristo, aprendiéndola y enseñándola. Por esta razón, la Iglesia —no el Estado— es el único organismo cualificado para avalar a tales maestros.

# Conclusión

En el siglo XIV, el sultán otomano Murad I formó un ejército de élite llamado los jenízaros. Este ejército —uno de los primeros ejércitos permanentes de Europa— estaba formado por hombres que, de niños, habían sido secuestrados de familias cristianas por incursiones de asaltantes otomanos. Los niños eran entregados a padres musulmanes, aprendían la lengua turca, se los educaba para ser musulmanes devotos y se les enseñaba a odiar a los cristianos. Al terminar su formación, se los obligaba a jurar lealtad absoluta al sultán y, a menudo, para demostrar esa lealtad, estos jenízaros eran enviados de vuelta a sus pueblos de origen para masacrar a su propia gente.

Desde hace casi un siglo, los cristianos han estado inconscientemente entregando a sus hijos para que sean educados como «jenízaros» espirituales e intelectuales. Han sido espiritualmente secuestrados «por medio de su filosofía y vanas sutilezas, según la tradición de los hombres, conforme a los principios elementales del mundo y no según Cristo» (Col 2:8). Han sido formados con pedagogías destinadas a destruir la fe cristiana en la que fueron bautizados. Han sido espiritual y moralmente alejados de sus familias y moldeados conforme a los edictos de los «edúcratas» patrocinados por el Estado. Se les ha enseñado a olvidar el lenguaje de la fe y a hablar solo el lenguaje de la incredulidad. Se les ha enseñado la piedad y la devoción del gnosticismo y el liberalismo secular. Por la mayor parte de un siglo, hemos dado la bienvenida a estas pedagogías de esclavitud en las escuelas cristianas creyendo erróneamente que no tenían ningún sesgo teológico ni agenda espiritual particular. Preocupados de no perder niños a manos de las escuelas estatales, intentamos imitarlas creyendo que, si podíamos hacer lo que «ellas» hacían —además de, tal vez, una clase de religión y un servicio en la capilla—, nuestras escuelas serían igual de atractivas. Fue un experimento que fracasó.

Este libro es un llamado a que la Iglesia pase a la ofensiva educativa recuperando su propia forma de educar a los niños. Dicha forma ha sido probada en el tiempo, es adaptable y académicamente superior a casi todo lo que se ofrece en la educación secular contemporánea. Y lo más importante, es teológicamente sana. Satisface las necesidades de la Iglesia y forma a las mentes cristianas jóvenes para recibir fácilmente la Palabra que se les predica y aferrarse a los sacramentos que se les ofrecen. ¿Cuál es el inconveniente de seguir este camino cuando es posible formar una nueva generación con la destreza intelectual y doctrinal necesaria para guiar a la Iglesia en estos tiempos difíciles?

No es algo fácil, pero la buena educación cristiana nunca lo ha sido. La historia de la educación cristiana está llena de quejas sobre la falta de profesores adecuados, fondos insuficientes, alumnos poco motivados, y padres entrometidos, descontentos o apáticos. Pero esto no debería impedirnos buscar algo mejor. El hecho de que nunca haya habido una era dorada de la educación no significa que debamos ignorar el hecho de que la Iglesia del pasado tenía algo que nosotros hemos perdido: un modelo clásico de educación en artes liberales.

Creo que estamos al inicio de una recuperación de ese modelo. Los últimos veinte años del movimiento de educación clásica han sido apasionantes y se han dado pasos enormes; sin embargo, lo que está por venir será aun más impresionante. La investigación académica es necesaria para dirigir e informar este movimiento. Las facultades y las universidades deben concentrarse en la formación de profesores que destaquen académica y teológicamente. Debe proporcionarse asistencia estructurada a las escuelas y congregaciones que pretendan recuperar esta herencia. Los padres —especialmente aquellos que educan a sus hijos en casa— necesitan recursos, apoyo y defensa para recuperar el papel que se les ha encomendado divinamente como principales maestros de sus hijos. Sin duda es abrumador, pero estoy convencido de que la Iglesia, como santo cuerpo de Cristo, estará a la altura de la tarea, como ha sido en el pasado.

*\*\**

Pues su camino más corto al cielo es educar bien a sus hijos. De hecho, el cielo mismo no podría ser más acercado ni fácilmente alcanzado que haciendo esta obra [...]. No podría hacerse una obra más desastrosa que malcriar a los niños, dejarlos maldecir y proferir groserías, que aprendan palabras profanas y canciones vulgares, y simplemente dejarlos hacer lo que les plazca [...]. No hay mayor tragedia en la cristiandad que malcriar a los niños. Si queremos ayudar a la cristiandad, debemos, con la mayor certeza, empezar por los niños, como ocurría en épocas anteriores[1].

# Apéndice

## Comparación de la educación cristiana clásica y la educación liberal

La educación liberal es el paradigma predominante en la educación actual. Surgió de una visión secular del hombre y del mundo que pretendía divorciar la educación de la teología y marginar así la religión. En las últimas décadas se ha desarrollado un renovado interés por la educación cristiana clásica. Se inspira en el modelo de educación de artes liberales que la Iglesia utilizó para educar a los niños durante casi dos milenios. Pretende desarrollar un modelo de educación que apoye y promueva una cosmovisión cristiana confesional.

|  | Educación cristiana clásica<br>*Mirar a Dios con fe y al prójimo con amor* | Liberal (Construccionista, Descubrimiento, Auténtica, Progresista)<br>*«Participación del individuo en la conciencia social de la raza»*<br>—John Dewey |
|---|---|---|
| Naturaleza del niño | El niño es un pecador que ha sido redimido por Cristo. | Se niega el pecado. El mal que un niño comete ha sido aprendido de influencias externas (sociedad, padres, etcétera). |

| | | |
|---|---|---|
| Naturaleza de la verdad | Toda verdad procede de Dios. Esto incluye la verdad salvadora de Cristo, que solo se revela en las Escrituras, y la verdad que ha sido revelada a los hombres fuera de las Escrituras. | La verdad es una construcción del individuo y/o de la comunidad. A menudo está relacionada con cuestiones de poder/opresión. |
| Objetivos | Sabiduría. A los alumnos se les enseñan temas prácticos y aplicables a lo que significa ser humano. La vida es más que trabajo y bienes materiales. Todos los alumnos sacarán más provecho de entender cómo encaja el conjunto de la vida, sabiendo que las grandes ideas del pasado les permitirán comprender mejor la naturaleza humana. | Formación profesional/técnica. A los alumnos se les imparten materias que se consideran aplicables y prácticas, principalmente en términos de lo que les ayudará a conseguir un trabajo bien remunerado. La filosofía «de la escuela al trabajo» sostiene que el objetivo de la educación es colocar a los niños en la fuerza laboral para que sean buenos productores y consumidores de artículos comercializables. |
| Papel del profesor | Los profesores son fuente de conocimiento y figuras de autoridad (4.º mandamiento). Se espera de ellos que dominen la materia. | Los profesores actúan como facilitadores, consejeros y mentores. El dominio de los métodos de enseñanza se valora más que el dominio de contenidos. |

| | | |
|---|---|---|
| Instrucción | Instrucción directa por parte del profesor en grupos homogéneos (grupos de alumnos con capacidades similares). Se hace hincapié en el aprendizaje intelectual y factual. Se fomenta la memorización, especialmente en los niños más pequeños. Los hechos son la materia prima del pensamiento y los bloques de construcción para el aprendizaje futuro. | Aprendizaje en manos del alumno (autodirigido), aprendizaje por descubrimiento y trabajo cooperativo en grupos heterogéneos. El aprendizaje se considera un proceso de formación de nuevas relaciones dentro de la comunidad. Se hace hincapié en los sentimientos, las interpretaciones y las opiniones personales. Se desaconseja la memorización, considerada como un obstáculo para el pensamiento libre. |
| Plan de estudios | El plan de estudios se centra en áreas académicas con hechos, ideas, habilidades y métodos que incluyen el descubrimiento por parte del alumno. El progreso de los estudios se ve como un todo continuo desde prekínder hasta la universidad, entendiendo que el conocimiento se construye sobre el conocimiento. Existe una imagen clara de lo que un alumno tendrá al final de su estancia en la academia. Todas las clases se imparten con ese objetivo en mente. | Hay poca unidad entre las materias. Cada materia se trata de forma aislada. Se anima a los estudiantes a dar preferencia a las perspectivas de los «marginados», ya que se las considera más «auténticas». |

| Pensamiento crítico | El pensamiento crítico no está aislado de su contenido. Los alumnos aprenden a pensar de manera matemática, geográfica, teológica y científica. Se les proporcionan las herramientas de la lógica para desarrollar argumentos basados en la información que han aprendido. | El pensamiento crítico es una forma de decir en clave que los alumnos deben primero rechazar a todas las autoridades (incluidos el 1.$^{\text{er}}$ y el 4.º mandamientos) y después apropiarse solo de lo que consideren correcto para sí mismos.<br>Se enseña como una habilidad que puede dominarse de forma natural sin referencia a contenidos ni a las reglas establecidas de la lógica. |
|---|---|---|
| Resultados | Énfasis en habilidades académicas en las áreas básicas tradicionales, medidas objetivamente. | Énfasis en el enfoque del «niño completo» que combina el bienestar psicológico, social y cultural del niño, medido subjetivamente. |
| Desarrollo del carácter | Servicio al prójimo según la propia vocación. Autocontrol y humildad. | Relativismo (nada es bueno ni malo) y autoestima.<br>Énfasis en la autorrealización y la capacidad de pensamiento crítico (rechazo de todos los paradigmas y estructuras asumidos previamente). |

# Notas

## Introducción

1. «Classical Lutheran Education Defined», Institute for the Lutheran Liberal Arts, consultado el 5 de enero de 2020, http://illa.us. Joel Brondos define la Educación Luterana Clásica de la siguiente manera: «Enseñamos a los niños a mirar a Dios con fe y a cuidar de su prójimo con amor por medio de las Seis Partes Principales y las Siete Artes Liberales».

## Primera parte. Mordidos por la serpiente
### Cómo la teología moldea la pedagogía

1. Gustav Pinzger, *Valentin Friedland Trotzendorf dargestellt. Mit Trotzendorfs Bildniss und Facsimile seiner Handschrift* (Hirschberg, 1825).

2. La obra de filósofos científicos como Richard Dawkins y Steven Hawking debería bastar para poner fin a esa discusión, pues en modo alguno son neutrales desde el punto de vista teológico. Sus teorías están directamente moldeadas por su confesión de que no hay dios alguno y de que somos los amos de nuestro propio destino.

3. «10 of the Best Growth Mindset Activities for Kids», n.° del 9 de julio de 2020. https://wabisabilearning.com/blogs/mindfulness-wellbeing/growth-mindset-activities-kids. N. del T.: *Growga* es la combinación de la palabra *yoga* con el verbo que significa «crecer» (*grow*).

4   Philip Schaff y Henry Wace, *A Select library of Nicene and post-Nicene fathers of the Christian church. Second series*, 14 vols., vol. II (New York: The Christian Literature Company, 1890), p. 545.

5   Martin Luther, «To the Christian Nobility», *LW* 44:207.

6   Johann Heinrich Pestalozzi, *The Education of Man*, trad. William H. Kilpatrick (New York: Greenwood Press, 1969), p. 90.

7   Friedrich Froebel, «Education of Man», en *Friedrich Froebel: A Selection from His Writings* (London: Cambridge University Press, 1967), p. 57.

8   Kieran Egan, *Getting It Wrong from the Beginning: Our Progressivist Inheritance from Herbert Spencer, John Dewey, and Jean Piaget* (New Haven: Yale University Press, 2002), p. 14.

9   Herbert Spencer, *Essays on Education and Kindred Subjects*, ed. Ernest Rhys Essays, (London: J. M. Dent & Sons, 1916), p. 62.

10  Spencer, *Essays on Education and Kindred Subjects*, p. 62.

11  «Humanist Manifesto», 1933, consultado el 24 de noviembre de 2019, https://americanhumanist.org/what-is-humanism/manifesto1/.

12  Estas ideas eran compartidas por personas como Rudolf Steiner (fundador de las escuelas Waldorf), la reformadora educativa inglesa Charlotte Mason y Maria Montessori. Robert Baden-Powell, fundador del Movimiento de los Boy Scouts, también basó muchas de sus ideas en esta visión romántica.

13  John Dewey, «My Pedagogic Creed», *School Journal* 54, n.º de enero de 1897, pp. 77-80.

14  Dewey, «My Pedagogic Creed», pp. 77-80.

15  Lo irónico de esto es que Dewey es culpable de hacer lo mismo de lo que acusa a la Iglesia. Identifica a los cristianos como falsos maestros y divide el mundo entre los «salvados», los seguidores iluminados de su nueva teología secularista, y los «condenados», aquellos que se atienen a la confesión cristiana.

16  John Dewey, *The Human Nature and Conduct: An Introduction to Social Psychology* (New York: Henry Holt, 1922), p. 331.

17  Dewey, *The Human Nature and Conduct*, p. 330.

18 W. F. Warde, «The Fate of Dewey's Theories», *International Socialist Review* 21, n.° 2 (1960): 31, https://www.marxists.org/archive/novack/works/1960/x04.htm. La opinión de Dewey sobre la ciencia coincide con la de muchos intelectuales de finales del siglo XIX, que creían que el floreciente campo de la ciencia podía resolver (y resolvería) todos los problemas de la humanidad. Herbert Spencer afirmó: «¿Qué conocimiento tiene más valor? La respuesta uniforme es: la ciencia. Este es el veredicto en todos los aspectos. Para la autoconservación directa, o el mantenimiento de la vida y la salud, el conocimiento más importante es la ciencia». Herbert Spencer, «The Importance of Science», en *Readings in the History of Education*, ed. Ellwood P. Cubberly (Chicago: Houghton Mifflin, 1920), p. 650.

19 Warde, «The Fate of Dewey's Theories», p. 8.

20 John Dewey, «Impressions of Soviet Russia», en *John Dewey: The Later Works*, ed. Jo Ann Boydston (Carbondale: Southern Illinois University), p. 212.

21 Dewey, «Impressions of Soviet Russia», p. 241.

22 Dewey, «My Pedagogic Creed», pp. 77-80.

23 Dewey, «My Pedagogic Creed».

24 Dewey, «My Pedagogic Creed».

25 Algunos en el mundo educativo se han vuelto contra este «padre de la educación progresista» por ser demasiado regresivo. Un académico critica a Dewey por ser una marioneta involuntaria de los capitalistas del siglo XIX. En su opinión, la pedagogía de Dewey estaba diseñada para producir ciudadanos materialistas que renunciaran a su individualismo en favor de una sociedad industrial capitalista. Véase Chet Bowers, *Education for Eco-Justice and Community* (Athens, Georgia: University of Georgia Press, 2001). En otra crítica más radical, se afirma que «las teorías educativas de Dewey siguen siendo relevantes hoy porque continúa el mismo sistema capitalista». A esto sigue un llamado a deshacerse del capitalismo por completo. «A Marxist Critique of John Dewey: The Limits of Progressive Education», Left Voice, 2017, consultado el 5 de mayo de 2021, https://www.leftvoice.org/a-marxist-critique-of-john-dewey-the-limits-of-progressive-education/.

26 Stephen Toulmin, «The Mozart of Psychology», Book Review, *New York Times*, 28 de septiembre de 1979.

27 Pedagogos y psicólogos, en su afán por defender a Vygotsky, sostienen que sus ideas fueron rechazadas por Stalin y que sus escritos fueron prohibidos por la administración de este. Algunos historiadores han señalado que hay pocos elementos que apoyen esta afirmación. Lejos de ser una amenaza para Stalin, Vygotsky alcanzó prominencia durante su gobierno, se le concedieron cargos de prestigio durante la peor de las purgas estalinistas, y tras su muerte por causas naturales, fue enterrado en un cementerio reservado a los héroes soviéticos. Jennifer Fraser y Anton Yasnitsky, «Deconstructing Vygotsky's Victimization Narrative: A Re-examination of the 'Stalinist suppression' of Vygotskian Theory», *History of the Human Sciences* 28, n.° 2 (2015), https://doi.org/10.1177/0952695114560200.

28 L. S. Vygotsky et al., *The Essential Vygotsky* (New York: Kluwer Academic/Plenum Publishers, 2004), p. 342.

29 Lunacharsky quedó impresionado con Vygotsky y contribuyó decisivamente a llevarlo a Moscú y proporcionarle los recursos necesarios para llevar a cabo su trabajo. Fue Lunacharsky quien invitó a John Dewey a hacer una gira por la Unión Soviética en 1927 y quien estaba ansioso por poner en práctica muchas de las ideas educativas de Dewey. Véase Warde, «The Fate of Dewey's Theories».

30 Guenter Lewy, *If God Is Dead Everything Is Permitted* (New Brunswick, NJ: Transaction Publishers, 2008), p. 62.

31 Martin Luther, «Lectures on Romans», *LW*, 25:345

32 Vygotsky se basó en las ideas del filósofo del siglo XIX Friedrich Nietzsche, que creía que el Übermensch —o superhombre— era el siguiente paso en el proceso evolutivo. Mientras que Nietzsche consideraba que se trataba principalmente de una evolución biológica, Vygotsky entendía que este nuevo hombre era el resultado de la evolución social. L. S. Vygotsky, «The Socialist Alteration of Man», ed. Rene van der Veer y Jaan Valsiner, *Vygotsky Reader* (Blackwell, 1930), https://www.marxists.org/archive/vygotsky/works/1930/socialism.htm. Este nuevo hombre no estaría sujeto a supersticiones religiosas, sino que crearía un significado y un propósito apropiados para sí mismo. Mientras que el cristianismo mira al mundo venidero como la única esperanza para esta vida, Nietzsche creía que la esperanza solo podía encontrarse en esta vida y en el inevitable progreso de la humanidad hacia un nuevo ser humano superior. Esta idea no solo influyó en el marxismo, sino que también fue la base del interés de los nazis por la superraza aria.

33 L. S. Vygotsky, «Educational Psychology», trad. Robert Silverman (Florida: St. Lucie Press, 1926), https://www.marxists.org/archive/vygotsky/works/1926/educational-psychology/index.htm.

34 Jaime Budzienski, «Activities to Teach Toddlers With Vygotsky's Theory» (30 de octubre de 2014). https://howtoadult.com/activities-teach-toddlers-vygotskys-theory-16606.html.

35 Vygotsky, «Educational Psychology».

36 Vygotsky, «Educational Psychology».

37 Lucien Sève, «Where is Marx in the Work and Thought of Vygotsky» (7e Seminaire International Vygotski, 20-22 de junio de 2018). Curiosamente, allí la clase dirigente educativa ha planteado pocas preguntas sobre la honestidad académica de esto. Cabe suponer que los traductores vieron en ello una oportunidad para introducir subrepticiamente la ideología marxista en el pensamiento educativo estadounidense.

38 Dave Hill, «Marxist Education Against Capitalism in Neoliberal/Neoconservative Times», en *Marxism and Education*, ed. L. Rasinski, D. Hill y K. Skordoulis (New York: Routledge, 2018).

39 Michigan K-12 Standards: English Language Arts, p. 23.

40 «About Montessori Education», American Montessori Association, consultado el 1 de julio de 2020, https://amshq.org/About-Montessori.

41 Montessori nunca abordó adecuadamente la cuestión de cómo podían interesarse los niños por algo a lo que nunca habían estado expuestos. Lo que parece un «interés natural» puede estar restringido por su entorno, su cultura y su experiencia limitada. Por ejemplo, ¿cómo puede un niño dedicarse al estudio de idiomas si nunca ha estado expuesto a otra lengua? A menudo tengo estudiantes universitarios de nivel superior que lamentan no haber estudiado latín y griego antes. A nadie se le ocurrió darles a conocer esas lenguas y por eso nunca pensaron en aprenderlas.

42 En sus escritos, Montessori rara vez hace referencia a su afiliación a la Iglesia católica romana. Era tan reservada que muchos de sus discípulos no vieron relación alguna.

43 Montessori escribe como si el alma de un niño preexistiera a su concepción. En un capítulo titulado «El embrión espiritual» habla de que el espíritu de un niño está «encerrado en carne cuando viene a vivir al mundo». Lo compara con estar en una «oscura mazmorra, esforzándose por salir a la luz, por nacer […] y anima, en forma lenta pero segura, la perezosa carne». Maria Montessori, *The Secret of Childhood*, trad. Joseph Costelloe (Indiana: Fides Publishers, 1966), pp. 35-44.

44  Maria Montessori, *Education and Peace*, trad. Helen Lane (Chicago: Henry Regnery, 1972), p. 86.

45  Montessori, *Education and Peace*, p. 104.

46  Maria Montessori, *To Educate the Human Potential* (Madras, India: Kalakshetra Publications, 1955), p. 34.

47  Maria Montessori, *The Absorbent Mind* (Oxford, England: Clio Press, 1988), p. 248.

48  Muchas de las observaciones «objetivas» de Piaget procedían de estudiar a sus propios hijos.

49  La formación del propio Piaget no fue en psicología, sino en zoología. Obtuvo su doctorado en Ciencias Naturales en la Universidad de Neuchâtel.

50  Michael Chapman, *Constructive Evolution: Origins and Development of Piaget's Thought* (New York: Cambridge University Press, 1988), p.70. http://www.loc.gov/ catdir/description/cam023/87021816.html.

51  Chapman, *Constructive Evolution*, p. 72.

52  Fernando Vidal, *Piaget Before Piaget* (Cambridge, Mass: Harvard University Press, 1994), p. 52.

53  Citado en Eric Shiraev, *A History of Psychology* (Washington: Sage, 2011), p. 240.

54  Citado en Lynn S. Liben, *Piaget and the Foundations of Knowledge*, The Jean Piaget Symposium series (Hillsdale, NJ: L. Erlbaum Associates, 1983), p. 145.

55  Webster Callaway, *Jean Piaget: A Most Outrageous Deception* (New York: Nova Science Publishers, 2001), p. 91.

# El veneno de la educación liberal

1  El hecho de que los académicos sigan utilizando el término «Ilustración» o «Siglo de las Luces» revela un sesgo particular. Transmite la idea de que antes de Rousseau y la Ilustración la gente era ignorante. Vivían en la «Edad Oscura», durante la cual confiaban en Dios, creían en la Iglesia y concebían las Escrituras como la verdad. Con la Ilustración, la verdad salió a la luz y ahora nos damos cuenta de que ya no necesitamos las enseñanzas de la fe.

2   El uso del término «ciencias» no se refiere a las ciencias modernas. Clásicamente había tres categorías de ciencias: las ciencias naturales (filosofía natural), la indagación sobre la naturaleza humana (filosofía moral) y la teología (filosofía divina).

3   Mark C. Carnes y Gary Kates, *Rousseau, Burke and revolution in France, 1791*, serie «Reacting to the past» (New York: Pearson Longman, 2005), p. 70.

4   Carnes y Kates, *Rousseau, Burke and revolution in France, 1791*, p. 74.

5   Jean Jacques Rousseau, *The Social Contract*, trad. Charles Frankel (New York: Hafner Publishing, 1947).

6   Jean Jacques Rousseau, *Social Contract and Discourses* (New York: Dutton, 1913), https://www.bartleby.com/168/.

7   La Revolución francesa, que se inspiró en muchos de los primeros pensadores de la Ilustración, ofrece una imagen realista de adónde conducen esos «impulsos naturales». El caos, la violencia y el derramamiento de sangre que se cometieron en nombre del gran ideal de la Ilustración deberían hacer que uno se cuestionara la sensatez de abogar por la incorporación de las creencias de Rousseau en cualquier modelo educativo.

8   Levinson está dispuesta a conceder que los padres y las escuelas cristianas son capaces de inculcar a los niños un adecuado sentido de la autonomía, pero solo si primero se alinean con los objetivos de la educación liberal patrocinada por el Estado. Véase Meira Levinson, *The demands of liberal education* (New York: Oxford University Press, 1999).

9   Lejos de ser considerada una extremista por la clase dirigente educativa, esta profesora de Harvard recibió el Premio del Consejo Nacional de Estudios Sociales a la Investigación Ejemplar en Estudios Sociales 2013 y el Premio de la Crítica de la Asociación Estadounidense de Estudios Educativos por su libro *No Citizen Left Behind*.

10  Walter Feinberg, «Religious Education in Liberal Democratic Societies: The Question of Accountability and Autonomy», en *Education and Citizenship in Liberal-Democratic Societies: Teaching for Cosmopolitan Values and Collective Identities*, ed. Kevin McDonough y Walter Feinberg (Oxford: Oxford University Press, 2003). Feinberg es muy bien considerado por su trabajo y en 2014 recibió el premio «Lifetime Achievement» de la John Dewey Society.

11  Erin O'Donnell, «The Risks of Homeschooling», *Harvard Magazine*, n.° de mayo-junio 2020. https://www.harvardmagazine.com/2020/05/right-now-risks-homeschooling.

12  El mito se encuentra en el núcleo de la elevación gnóstica de las cualidades femeninas de la espiritualidad, el rechazo del matrimonio y el apoyo del feminismo radical. La promotora gnóstica y profesora de Princeton Elaine Pagels sostiene que el deseo natural que una mujer siente de un hombre dentro de los límites del matrimonio se considera un reflejo de este pecado original. Ella cree que los gnósticos no eran herejes que negaban la fe, sino cristianos auténticos que tenían una mayor perspicacia y cuyas opiniones fueron indebidamente suprimidas por los teólogos ortodoxos. Elaine Pagels, *Adam, Eve, and the Serpent* (New York: Random House, 1988).

13  Mike Mitchell y Walt Dohrn, «Trolls» (2016).

14  Peter Burfeind, *Gnostic America* (Pax Domini Press, 2014), pp. 123-124. Recomiendo este libro para profundizar en la influencia gnóstica en la cultura estadounidense.

15  Esto no quiere decir que los educadores no deban desear que los alumnos desarrollen el amor por el aprendizaje independiente. Al contrario, los educadores cristianos a lo largo de la historia han reconocido su valor y han procurado desarrollar este deseo en sus alumnos. La diferencia es que, clásicamente, este amor por el aprendizaje se ha conseguido dando a los alumnos lo que primeramente el profesor ha aprendido que es lo más beneficioso. Los alumnos deben saber lo que es bueno y digno de aprender antes de poder explorar por sí mismos.

16  Debido a su incapacidad de apoyarse en las palabras para transmitir la verdad y la sabiduría, la educación de influencia gnóstica se ha condenado a sí misma a la bancarrota intelectual. A la larga, es incapaz de defenderse de los argumentos basados en una verdad trascendente. Este hecho por sí solo debería hacer que el educador se cuestionara la sensatez de promover tal filosofía.

17  Samael Aun Weor, *Fundamentals of Gnostic Education* (Brooklyn NY: Glorian, 2013), Kindle.

18  Weor, *Fundamentals of Gnostic Education*, pp. 450-451.

19  Weor, *Fundamentals of Gnostic Education*, pp. 629-634.

20  Weor, *Fundamentals of Gnostic Education*, pp. 453-455.

21 Considerada aceptable en español, pero no en inglés, que es la lengua original de la canción (N. del T.).

## Atacados donde duele

1 Los reformadores educativos alemanes del siglo XIX resultarían especialmente influyentes en el desarrollo de las filosofías educativas estadounidenses del siglo XX. Las ideas de pedagogos alemanes como Pestalozzi, Wilhelm Humboldt (1767-1835) y Johann Herbart (1776-1841) serían adoptadas por pedagogos estadounidenses que admiraban el sistema educativo alemán. Algunos, como Friedrich Froebel, el fundador del Kindergarten, fueron rechazados de plano por sus compatriotas contemporáneos, pero fueron acogidos calurosamente por las élites intelectuales estadounidenses. Estos educadores prepararon el camino para la introducción de la educación marxista, gnóstica, mística y liberal del siglo XX.

2 Plato, *The Republic*, trad. Benjamin Jowett (Mineola, New York: Dover, 2000), 52. Asimismo, «No permitiremos que intenten persuadir a nuestra juventud de que los dioses son los autores del mal, y de que los héroes no son mejores que los hombres —sentimientos que, como decíamos, no son ni piadosos ni verdaderos, pues ya hemos demostrado que el mal no puede proceder de los dioses [...] ... es probable que [los falsos maestros] tengan un mal efecto en quienes los escuchan, pues todo el mundo empezará a excusar sus propios vicios cuando se convenza de que [tales dioses] perpetúan siempre maldades similares», p. 63.

3 El cientificismo no debe confundirse con los descubrimientos científicos. El cientificismo es la enseñanza de que la ciencia es el único conocimiento real en el que se puede confiar. Más que un conjunto de descubrimientos, es una visión del mundo que determina el valor que se da a esos hechos y la forma en que deben interpretarse. Lo llamo un sistema religioso porque tiene muchas de las características que cabría esperar de una religión. Tiene una comunidad de fieles; tiene un «sacerdocio» encargado de mantener un tipo de pureza doctrinal. Considera la ciencia como la fuente de la ética y sostiene que la ciencia proporcionará la salvación de todos los males que aquejan a la humanidad. Pese a estas marcas de tipo religioso, los defensores de la ciencia afirmarán dogmáticamente que la religión —especialmente la cristiana— es la fuente menos fiable para el conocimiento de la verdad.

4   Los griegos creían que los sentidos eran intrínsecamente poco fiables. Platón sostenía que la percepción sensorial siempre podía ser engañada y no solo era incapaz de conducir a la verdadera sabiduría, sino que a menudo se interponía en esa búsqueda. La filosofía era necesaria para corregir los sentidos. Los actuales aficionados a las ciencias naturales y sociales afirman lo contrario. La única fuente fiable de conocimiento es la que pueden percibir los sentidos, y no podemos confiar en ninguna otra forma de conocer.

5   Martin Luther, WA 48:31, citado por Hermann Sasse, *Scripture and the Church: Select Essays of Hermann Sasse*, ed. Ronald R. Feuerhahn y Jeffery J. Kloha (St. Louis, MO: Concordia Seminary, 1995), p. 78.

6   Los antiguos entendían que la poesía y la filosofía estaban íntimamente ligadas. La finalidad de la poesía no era únicamente evocar emociones. De hecho, Platón advirtió del peligro de que una sociedad buscara la verdad en sus poetas y artistas. Era una poderosa herramienta para manipular las creencias y las opiniones. La sana filosofía podría ser sustituida por el atractivo emocional —un peligro demasiado evidente en nuestra cultura del entretenimiento, en la que los individuos creen que su perspicacia artística les permite decir la verdad al mundo como nadie—. Dicho eso, la poesía podría ser una herramienta para transmitir un argumento filosófico de una forma que la prosa no podría. Esta noción resurgió durante la Reforma. Philipp Melanchthon veía la filosofía como una extensión natural de las artes liberales y creía que la poesía debía ser filosofía en forma de verso.

7   *LW* 54:210-211.

8   *LW* 36:342.

9   La respuesta a la razón de ser de la estructura del copo de nieve no se descubriría antes de otros 300 años, cuando los científicos empezaran a comprender la naturaleza de la estructura cristalina. Este descubrimiento no niega el punto central de Kepler. En toda la materia existe un orden y una simetría subyacentes que no pueden explicarse. No hay razón para que las cosas sean como son si no es por el poder creador de un Dios ordenado.

10  Augustine, *On Christian Doctrine*, ed. Philip Schaff, trad. James Shaw, vol. 2, Nicene and Post-Nicene Fathers (Buffalo, NY: Christian Literature Publishing, 1887), 18.28.

11  Un grupo de estudiantes de pedagogía me informó que tenían prohibido jugar con los niños al balón prisionero (dodgeball) porque se consideraba un «juego de tiro al blanco humano». Sin duda, en algún lugar, algún pedagogo desarrolló la teoría de que los asesinos perpetradores de matanzas se iniciaron jugando al balón prisionero en la clase de gimnasia.

12  La idea de que los niños sean utilizados como sujetos experimentales para los métodos «innovadores» de un teórico debería resultar detestable tanto para los profesores como para los padres. Es chocante la frecuencia con la que el sistema educativo impone un «nuevo enfoque» a los alumnos y, una vez que ha demostrado ser un fracaso, simplemente pasa a otra cosa sin pensar en los efectos perjudiciales que su experimentación irresponsable ha tenido en los niños que la han sufrido.

13  La imagen del maestro como un estricto encargado de imponer disciplina es un concepto relativamente reciente. Su amplia aceptación fue fomentada por el pietismo del siglo XVIII, en el que se animaba a los maestros a aplicar una disciplina severa a los alumnos con la esperanza de mortificar sus impulsos pecaminosos. Antes de eso, prácticamente todos los pedagogos cristianos, incluidos Agustín y Lutero, rechazaron el uso de la disciplina severa en el aula por ser contraria a la tarea de enseñar los placeres del aprendizaje. Erasmo sostenía que la flagelación era señal de un maestro débil. Lutero sostenía que, si bien los padres podían recurrir a los castigos corporales, el maestro de escuela rara vez debía utilizarlos.

14  Para desafiar a los alumnos, les pedía que hicieran una lista de las «atrocidades» que pudieran recordar cometidas en nombre de la Iglesia a lo largo de toda su historia. Normalmente se les ocurrían la Inquisición española y las Cruzadas —de las que realmente sabían muy poco—. Luego les pedía que comenzaran a enumerar las atrocidades cometidas en nombre del ateísmo o debidas a las enseñanzas humanistas seculares del siglo XX (Holocausto, 6 millones; purgas estalinistas, 20 millones; Revolución cultural de Mao, 100 millones; Genocidio camboyano, 2 millones). Casi todos ignoraban por completo la violenta persecución de la Iglesia bajo Hitler, Stalin, Mao o cualquiera de las demás persecuciones de cristianos en el siglo XX. Pronto se daban cuenta de que las mayores atrocidades no las cometía la Iglesia, sino los seguidores de filosofías que pretendían exterminarla.

15 Es interesante que estos mismos grupos estén encantados de recibir grandes cantidades de dinero del gobierno para financiar investigaciones sobre la maldad de los gobiernos occidentales. Parece que no tienen reparos en utilizar las escuelas públicas como plataforma de lanzamiento de sus ataques contra los gobiernos supuestamente malvados.

16 LW 46:237.

17 LW 46:237.

18 Katy Smith, «New Roles, New Relationships», *Educational Leadership* 51, n.º 2 (1993).

19 Martin Luther, *What Luther Says: An Anthology*, ed. Ewald M. Plass, vol. I (St. Louis, MO: Concordia Publishing, 1959), 417. Weimar Edition 32:408.

20 Considérese cómo la calificación en una clase de religión confunde sutilmente la ley y el evangelio. Si uno obtiene un sobresaliente, ¿significa que es un cristiano superior? ¿Qué significa, entonces, obtener un insuficiente?

21 James Fowler, autor de *Stages of Faith*, es quizá el defensor más conocido de esta idea.

22 C. mayor 381.

23 Bernard of Clairvaux, «Sermons on the Songs of Songs, Sermon 1», ed. Kilian Walsh, vol. 2, *The Works of Bernard of Clairvaux* (Kalamazoo, MI: Kalamazoo Publications, 1981), http://people.duke.edu/~dainotto/Texts/clairvaux.pdf.

24 C. mayor 382.

25 Es lamentable que en las escuelas cristianas la sagrada tarea de catequizar a los niños se reduzca a una «clase de Religión». Esto transmite el mensaje de que es como cualquier otro curso, y de que, si un niño aprende lo suficiente sobre religión y la Biblia, entonces habrá aprobado. Obliga a entender la fe cristiana como un mero ejercicio intelectual aislado de toda conexión sacramental.

## Los efectos

1 John M. Hull, «Atheism and the Future of Religious Education», en *Crossing the Boundaries: Essays in Biblical Interpretation in honour of Michael D. Goulder*, ed. Stanley Porter, Paul Joyce, y David Orton (Leiden: Brill, 1994).

2  *Millennials and Their Retention Since Confirmation*, Lutheran Church-Missouri Synod (2017), http://www.youthesource.com/wp-content/uploads/2018/04/ Millennials-Congregation-Confirmation-Survey-Report.pdf.

3  Hablando del viaje espiritual de Jobs, un comentarista observó: «La ironía es que, más tarde, Jobs se convirtió exactamente en lo que más odiaba de la religión cristiana tradicional. El tipo de dios que Jobs odiaba era exactamente el dios en que se convirtió el propio Jobs. Jobs mismo adoptó ciegamente aquello que lo había apartado de las supuestas "debilidades" del cristianismo». Austin Gentry, «Steve Jobs & Religion», 19 de agosto de 2016, https://www.austingentry.com/ steve-jobs-religion/.

4  Evidentemente, no podemos limitar la capacidad de Dios para formar teólogos brillantes en un entorno educativo adverso; sin embargo, no debemos tratar de impedir su obra con pedagogías contrarias a sus deseos.

## Segunda parte. La aplicación del antídoto

### La cura de las normas intemporales

1  Medir lo bueno de este modo exige aceptar que todas las cosas fueron creadas por Dios con un diseño y un propósito definidos. Por esta razón, los pedagogos modernos descuidan la enseñanza de lo bueno, porque ello exigiría reconocer que existe una autoridad superior a ellos mismos. Lo mismo ocurre con la enseñanza de la verdad y la belleza.

2  Es sobre esta base que mi hijo argumenta que el Mazda Miata es el automóvil más perfecto del mundo y que él debería tener uno.

3  Aristotle, «Metaphysics». http://classics.mit.edu/Aristotle/metaphysics.13.xiii. html.

4  Augustine, «The Literal Meaning of Genesis, Book III», en *Ancient Christian Writers Series*, ed. John Hammond Taylor (Paulist Press, 1982), p. 90.

5  Aristóteles escribió: «Afirmar que algo existe cuando no existe, o afirmar que algo no existe cuando sí existe, es falso. A la inversa, afirmar con exactitud la existencia de algo y reconocer correctamente la inexistencia de otra cosa, es verdadero». Aristóteles, «Metafísica».

6  Benedict XVI, *Jesus of Nazareth* (San Francisco: Ignatius Press, 2011).

7   La idea de materias dispares y no relacionadas surgió hace relativamente poco tiempo. Los antiguos reconocían divisiones en el conocimiento, pero las consideraban facetas de un cuerpo global de conocimientos. Especializarse en un área mientras se ignoran otras se habría considerado una señal de educación inadecuada.

8   Un término similar se utiliza en 1 Pedro 4:10, donde Pedro habla de la «multiforme gracia de Dios». Debo esta observación al rvdo. Chad Kendall.

9   David P. Scaer, «Doctrine of Election: A Lutheran Note», en *Perspectives on Evangelical Theology*, ed. Stanley N. Gundry (Indiana: Baker, 1979).

10   «What Is Classical Education?», consultado el 21 de agosto de 2019, https://www.circeinstitute.org/resources/what-classical-education.

11   FC EP I, pp. 16-17, 489-490.

12   FC EP II, pp. 3, 492; este punto de vista no se limita al Libro de la Concordia. Los «Treinta y nueve artículos de religión» de la Comunión anglicana afirman que «el hombre dista muchísimo de la rectitud original, y está inclinado al mal por su propia naturaleza, de modo que la carne siempre desea lo contrario al espíritu. Por lo tanto, toda persona que nace en este mundo merece la ira de Dios y la perdición» (Artículo IX) y «Tras la caída de Adán, la condición del hombre es tal que, por su propia fuerza natural y buenas obras, no puede convertirse ni prepararse a sí mismo para la fe y la invocación de Dios. Por tanto, no tenemos poder para hacer buenas obras gratas y aceptables delante de Dios a menos que su gracia en Cristo nos preceda —para que tengamos buena voluntad— y obre en nosotros —cuando tenemos esa buena voluntad—» (Artículo X). El Catecismo de Heidelberg pregunta: «¿Se puede guardar todo esto [la ley de Dios] perfectamente?». Respuesta: «No, por naturaleza estoy inclinado a aborrecer a Dios y a mi prójimo».

13   En un viaje a Pamplona, España, visité algunos de los lugares asociados a la famosa ruta de peregrinación conocida como el *Camino de Santiago*. Antiguamente, los peregrinos recorrían esta ruta como una obra de justicia ante Dios. Muchos peregrinos actuales siguen utilizándola de este modo. Aunque no se considera en términos religiosos, para ellos sigue siendo una forma de demostrar que se encuentran entre la gente buena. La diferencia es que en la época medieval los actos justos eran determinados por la Iglesia, una autoridad externa. Ahora son asignados por la autoridad interna de uno mismo.

14   Frankforter, *The Theologia Germanica of Martin Luther*, ed. Bengt R. Hoffman, The Classics of Western spirituality (New York: Paulist Press, 1980), p. 115.

15  Mark Mattes, *Martin Luther's Theology of Beauty: A Reappraisal* (Grand Rapids, MI: Baker Academic, 2017), p. 111.

16  Martin Luther, *Heidelberg Disputation* (Holt, MO: Higher Things Inc, 2018), p. 9. En 1518, Lutero fue llamado a Heidelberg para defender su teología ante los dirigentes de la orden agustina a la que pertenecía. Para esta disputa compuso una serie de tesis que describían una teología de gloria centrada en las obras del hombre como medio para alcanzar la justicia, y la teología de la cruz, centrada en la obra de Cristo por nosotros. En estas tesis hay mucho que aporta claridad a una comprensión bíblica del papel de la filosofía en la educación.

17  Luther, *Heidelberg Disputation*, p. 9.

18  Mattes, *Martin Luther's Theology of Beauty: A Reappraisal*, p. 161. Con su énfasis en los logros académicos, el movimiento contemporáneo de educación clásica debe estar alerta ante el peligro de esta tendencia platónica a subordinar la emoción al intelecto. Lutero tenía una visión más equilibrada que integraba el *intellectus* (comprensión) y el *affectus* (emoción) en la educación. Aunque el *intellectus* es esencial para una comprensión adecuada de la teología, las emociones también tienen un lugar en la vida del cristiano.

19  Luther, Sermon on the Mount, *LW* 21:197-198.

# Protocolos de tratamiento

1  Erasmus, *De pueris instituendis* (1529), CWE 26, p. 339.

2  Douglas Murray, *The Madness of Crowds: Race, Gender, and Identity* (New York: Bloomsbury, 2019), pp. 115-120.

3  En una ocasión desarrollé un test informal de 20 preguntas que administré a los estudiantes de pedagogía en su primer y último año de universidad. Abarcaba temas que todos los maestros de primaria de Estados Unidos deberían conocer. Los resultados fueron desalentadores: el 43 % no pudo identificar el 4 de julio como la fecha en que generalmente se entiende que se firmó la Declaración de Independencia, el 29 % no pudo identificar el contenido de la 1.ª Enmienda, el 29 % no pudo identificar al presidente como comandante en jefe de las fuerzas armadas, el 58 % no pudo identificar a los enemigos de Estados Unidos durante la Segunda Guerra Mundial y el 72 % no pudo identificar el año en que Japón atacó Pearl Harbor.

4   Una de las críticas hechas a la memorización es que ignora los estilos de aprendizaje individuales. Esta teoría, que ha llegado a dominar la educación contemporánea, sostiene que cada persona aprende de forma diferente y que, por tanto, los profesores deben estar preparados para adaptarse a los distintos estilos de aprendizaje de los alumnos. Tan arraigada está esta doctrina que hay toda una industria dedicada a producir recursos curriculares, evaluaciones y talleres de formación del profesorado para apoyar esta práctica. Sin embargo, según varios estudios sustanciales, hay pocas pruebas que respalden esta teoría y la investigación que la apoya es a menudo defectuosa o contradictoria. Un estudio concluyó que «en la actualidad, no existe una base de pruebas adecuada que justifique la incorporación de evaluaciones de estilo de aprendizaje a la práctica educativa general». Véase Harold Pashler *et al.*, «Learning Styles: Concepts and Evidence», *Journal of the Association for Psychological Science* 9, n.º 3 (2008).

5   Aristóteles dividió las capacidades de memorizar y de recordar, y asignó valores diferentes a ambas. Quintiliano dijo que la memoria era el mejor indicador de la capacidad de aprendizaje de un hombre. Agustín describió la memoria como el lugar del aprendizaje, el razonamiento, la imaginación y el pensamiento.

6   Luther, *Lectures on the Psalms* (1513-1515), *LW* 11:15.

7   Dome Karukoski, «Tolkien» (USA, 10 de mayo de 2019).

8   *C. menor*, 3.er mandamiento 352

9   *C. menor*, 3.er mandamiento 398

10  Dana Goldstein, «Why Kids Can't Write», *The New York Times* (New York City), 6 de agosto de 2017, Education Life.

11  Goldstein, «Why Kids Can't Write».

12  Otro argumento es que el aprendizaje de una de las lenguas sagradas es de gran valor para los campos de la educación STEM. Por ejemplo, si los alumnos dominan el latín, les resultará mucho más fácil aprender programación informática. Esto se debe a que la programación es una lengua con su propio vocabulario, sintaxis y gramática. Aprender una lengua sagrada obliga a los estudiantes a comprender todas las lenguas —incluida la programación— de una forma metódica y cuidadosa.

13  Luther, *To the Councilmen of All Cities in Germany that they Establish and Maintain Christian Schools* (1524), LW 45:347-378.

14  Esto no quiere decir que Lutero rechazara por completo el enfoque pitagórico de la música. Seguía valorando el aspecto matemático de ella, y este continuó formando parte de la educación luterana. Este aspecto matemático es evidente en las obras de Bach, que entreteje mensajes numéricos en sus composiciones.

15  Luther, *Tischreden* (1538), WA Tr. 3, N.º 3815.

16  Luther, *Tischreden*, WA Tr. 5, N.º 6248.

17  Martin Luther, «Preface to George Rhau's Symphoniae Iucundae», en Michael Mark, *Source Readings in Music Education History* (New York: Macmillian, 1982), p. 74.

18  Cada confesión tiene su música sagrada que se utiliza para promover la oración y la meditación: la confesión católica romana tiene el canto gregoriano, la Iglesia ortodoxa oriental tiene el canto bizantino y la Iglesia reformada tiene el canto de los salmos. La música sagrada de la Iglesia evangélica luterana es el coral, una forma única de canto congregacional que es a la vez doxológico (alaba a Dios) y catequético. Donde otros himnos podrían centrarse en apelar a las emociones del que canta, el coral se centra en la proclamación de la Palabra de Dios con la comprensión de que Dios obrará a través de la palabra para lograr la fe verdadera. Estos himnos comunican una piedad luterana y hacen hincapié en la justificación, la cruz y el sufrimiento, la ley y el evangelio, etc. Es ampliamente reconocido que el coral se convirtió en una de las grandes contribuciones del luteranismo al cristianismo occidental.

19  J. C. Vonderau, «Liederpensum für die Schule», *Evangelisch-Lutherisches Schulblatt* 26, n.º 6 (junio 1891).

20  Luther, *Tischreden*, WA Tr. 5, n.º 3589.

21  En el siglo XIX, este título fue arrebatado a la teología y otorgado a las matemáticas por el matemático alemán Johann Gauss. Pese a haber sido criado en un hogar luterano, Gauss sostenía que Dios no se revelaba en las Escrituras. Solo la ciencia era capaz de trascender la teología doctrinal para sacar a la luz la verdad inmortal. Gauss afirmó: «La religión no es una cuestión de literatura, sino de vida. La revelación de Dios es continua, no está contenida en tablas de piedra ni en pergaminos sagrados. Un libro es inspirado cuando inspira» (G. Waldo Dunnington, Jeremy Gray, y Fritz-Egbert Dohse, *Carl Friedrich Gauss: Titan of Science* (Washington, DC: Mathematical Association of America, 2004), p. 301.

22 Su nombre es inapropiado porque la Ilustración resultó ser lo opuesto de lo que pretendía. Con su exaltación de la razón por encima de la revelación, perdió la comprensión más profunda que la teología proporcionaba respecto de la vida en la creación.

23 Barak Obama, «Remarks by the President at White House Science Fair», comunicado de prensa, 2015, https://obamawhitehouse.archives.gov/the-press-office/2015/03/23/remarks-president-white-house-science-fair.

24 Luther, *Lectures on Genesis* (1536) *LW* 1:46.

25 Peter Barker y Bernard R. Goldstein, «Theological Foundations of Kepler's Astronomy», *Osiris* 16, n.° 1 (2001): 113, https://doi.org/10.1086/649340, https://www.journals.uchicago.edu/doi/abs/10.1086/649340.

26 Johannes Kepler, *Mysterium Cosmographicium*, citado en Barker y Goldstein, «Theological Foundations of Kepler's Astronomy», p. 82.

27 Richard Bulliet *et al.*, eds., *The Earth and Its Peoples: A Global History* 5.ª ed., vol. II (Boston: Houghton Mifflin Company 2012), xiii-xiv.

28 Richard A. Carranza, 3 de junio de 2020.

29 Luther, *To the Councilmen in All Cities in Germany* (1524), *LW* 45:376. Esto contrastaba con humanistas como Erasmo, para quien la historia era mucho más antropocéntrica. Al estudiar las vidas de personas nobles y virtuosas del pasado, los estudiantes adoptarían esas cualidades y se convertirían ellos mismos en nobles y virtuosos.

30 Luther, *Vorrede D. M. L. auf die Historia Galeatii Capellae vom Herzog zu Mailand* (1538), WA 50:383-385, citado en Franklin Verzelius Newton Painter, *Luther on Educa*tion (St. Louis: Concordia Publishing House, 1928), p. 162.

31 Luther, *Treatise on Good Works* (1520), *LW* 44:95.

# Una educación clásica en artes liberales:
# La formación de pensadores cristianos

1 En una escuela que visité, los profesores se reunían una vez a la semana después de las clases para dedicar tiempo a hacer precisamente eso. Pasaban de ser profesores a estudiantes de las Escrituras y de las confesiones de la Iglesia a fin de discernir cómo esas cosas debían dar forma a su pedagogía e influir en sus opciones curriculares.

2 David Goodwin y David Sikkink, *Good Soil: A Comparative Study of ACCS Alumni Life Outcomes*, Association of Classical Christian Schools (27 de enero de 2020), 6, https://www.classicaldifference.com/wp-content/uploads/2020/06/The-Classical-Difference-Good-Soil-7-outcomes-full-research-report-Draft-3-28-2020.pdf.

3 A menudo, los profesores me han confesado que gran parte de lo que aprendieron en la universidad tuvieron que desecharlo en cuanto llegaron al aula. A menudo se lamentan de cuánto tiempo perdieron en la escuela reproduciendo planes de lecciones y formularios que se ajustaban a las normas estatales. Lo que más echaron de menos fue la oportunidad de aprender más contenidos.

4 William M. Smail, *Quintilian on Education: A Translation of Select Passage from the Institutio Oratoria* (New York, NY: Columbia Teacher College Press, 1938), p. 79.

# Conclusión

1 Luther, *Sermon on the Estate of Marriage*, LW 44:12-13.

# Bibliografía

«10 of the Best Growth Mindset Activites for Kids». N.º 9 de julio de 2020. https://wabisabilearning.com/blogs/mindfulness-wellbeing/growth-mindset-activities-kids.

«About Montessori Education». American Montessori Association, 2020, consultado el 1 de julio de 2020, https://amshq.org/About-Montessori.

«A Marxist Critique of John Dewey: The Limits of Progressive Education». Left Voice, 2017, consultado el 5 de mayo de 2021, https://www.leftvoice.org/a-marxist-critique-of-john-dewey-the-limits-of-progressive-education/.

Aristotle. «Metaphysics». http://classics.mit.edu/Aristotle/metaphysics.13.xiii.html.

Augustine. «The Literal Meaning of Genesis, Book III». En *Ancient Christian Writers Series*, editada por John Hammond Taylor, Paulist Press, 1982.

——. *On Christian Doctrine*. Traducido por James Shaw. Nicene and Post-Nicene Fathers. Editada por Philip Schaff. Vol. 2, Buffalo, NY: Christian Literature Publishing, 1887.

Barker, Peter, y Bernard R. Goldstein. «Theological Foundations of Kepler's Astronomy». *Osiris* 16, n.º 1 (2001): pp. 88-113. https://doi.org/10.1086/649340. https://www.journals.uchicago.edu/doi/abs/10.1086/649340.

Benedict XVI. *Jesus of Nazareth*. San Francisco: Ignatius Press, 2011.

Bernard of Clairvaux. «Sermons on the Songs of Songs, Sermon 1». En *The Works of Bernard of Clairvaux*, editada por Kilian Walsh. Kalamazoo, MI: Kalamazoo Publications, 1981. http://people.duke.edu/~dainotto/Texts/clairvaux.pdf.

«Classical Lutheran Education Defined». Institute for the Lutheran Liberal Arts, consultado el 5 de enero de 2020, http://illa.us.

Bowers, Chet. *Education for Eco-Justice and Community*. Athens, Georgia: University of Georgia Press, 2001.

Budzienski, Jaime. «Activities to Teach Toddlers with Vygotsky's Theory» (30 de octubre de 2014). Consultado el 9 de julio de 2020. https://howtoadult.com/activities-teach-toddlers-vygotskys-theory-16606.html.

Bulliet, Richard, Pamela Kyle Crossley, Daniel Headrick, Steven Hirsch, Lyman Johnson, y David Northrup, eds. *The Earth and Its Peoples: A Global History*, 5.ª ed. Vol. II. Boston: Houghton Mifflin Company, 2012.

Burfeind, Peter. *Gnostic America*. Pax Domini Press, 2014.

Callaway, Webster. *Jean Piaget: A Most Outrageous Deception*. New York: Nova Science Publishers, 2001.

Carnes, Mark C., y Gary Kates. *Rousseau, Burke and Revolution in France, 1791*. Serie «Reacting to the Past». New York: Pearson Longman, 2005.

Chapman, Michael. *Constructive Evolution: Origins and Development of Piaget's Thought*. Cambridge, England; New York: Cambridge University Press, 1988. http://www.loc.gov/catdir/description/cam023/87021816.html.

Dewey, John. *The Human Nature and Conduct: An Introduction to Social Psychology*. New York: Henry Holt, 1922.

——. «Impressions of Soviet Russia». En *John Dewey: The Later Works*, editada por Jo Ann Boydston.

——. «My Pedagogic Creed». *School Journal* 54, n.º enero (1897): pp. 77-80.

Dunnington, G. Waldo, Jeremy Gray, y Fritz-Egbert Dohse. *Carl Friedrich Gauss: Titan of Science*. Washington, DC: Mathematical Association of America, 2004.

Egan, Kieran. *Getting It Wrong from the Beginning: Our Progressivist Inheritance from Herbert Spencer, John Dewey, and Jean Piaget*. New Haven: Yale University Press, 2002.

Feinberg, Walter. «Religious Education in Liberal Democratic Societies: The Question of Accountability and Autonomy». En *Education and Citizenship in Liberal-Democratic Societies: Teaching for Cosmopolitan Values and Collective Identities*, editado por Kevin McDonough y Walter Feinberg. Oxford: Oxford University Press, 2003.

Frankforter. *The Theologia Germanica of Martin Luther*. The Classics of Western Spirituality. Editada por Bengt R. Hoffman. New York: Paulist Press, 1980.

Fraser, Jennifer, y Anton Yasnitsky. «Deconstructing Vygotsky's Victimization Narrative: A Re-Examination of the 'Stalinist Suppression' of Vygotskian Theory». *History of the Human Sciences* 28, n.° 2 (2015): pp. 128-153. https://doi.org/10.1177/0952695114560200.

Froebel, Friedrich. «Education of Man». Traducido por Irene M. Lilley. En *Friedrich Froebel: A Selection from His Writings*. London: Cambridge University Press, 1967.

Gentry, Austin, «Steve Jobs & Religion», 19 de agosto de 2016, https:// www.austingentry. com/steve-jobs-religion/.

Gercken, Scott. «The Missouri Synod's Drift toward Rationalistic Pedagogy as Evidenced in Evangelisch-Lutherisches Schulblatt, 1889-1927». Maestría en Religión, Concordia University Chicago, 2020.

Goldstein, Dana. «Why Kids Can't Write». *The New York Times* (New York City), 6 de agosto de 2017, Education Life, p. 8.

Goodwin, David, y David Sikkink. *Good Soil: A Comparative Study of Accs Alumni Life Outcomes*. Association of Classical Christian Schools (27 de enero de 2020). https://www. classicaldifference.com/wp-content/uploads/2020/06/The-Classical-Difference-Good-Soil-7-outcomes-full-research-report-Draft-3-28-2020.pdf.

Hill, Dave. «Marxist Education against Capitalism in Neoliberal/Neoconservative Times». Cap. 13 en *Marxism and Education*, editado por L. Rasinski, D. Hill y K. Skordoulis, 160-182. New York: Routledge, 2018.

Hull, John M. «Atheism and the Future of Religious Education». En *Crossing the Boundaries: Essays in Biblical Interpretation in Honour of Michael D. Goulder*, editado por Stanley Porter, Paul Joyce y David Orton, 357-375. Leiden: Brill, 1994.

«Humanist Manifesto». 1933, consultado el 24 de noviembre de 2019, https:// americanhumanist.org/what-is-humanism/manifesto1/.

«What Is Classical Education?», consultado el 21 de agosto de 2019, https://www.circeinstitute. org/resources/what-classical-education.

Karukoski, Dome. «Tolkien». 112. USA, 10 de mayo de 2019.

Levinson, Meira. *The Demands of Liberal Education*. New York: Oxford University Press, 1999.

Lewy, Guenter. *If God Is Dead Everything Is Permitted*. New Brunswick, New Jersey: Transaction Publishers, 2008.

Liben, Lynn S. *Piaget and the Foundations of Knowledge*. The Jean Piaget Symposium Series. Hillsdale, NJ: L. Erlbaum Associates, 1983.

Luther, Martin. *Heidelberg Disputation*. Holt, MO: Higher Things Inc, 2018.

———. *What Luther Says: An Anthology*. Editada por Ewald M. Plass. Vol. I, St. Louis, MO: Concordia Publishing, 1959.

Mark, Michael. *Source Readings in Music Education History*. New York: Macmillian, 1982.

Mattis, Mark. *Martin Luther's Theology of Beauty: A Reappraisal*. Grand Rapids, MI: Baker Academic, 2017.

*Michigan K-12 Standards: English Language Arts*.

*Millennials and Their Retention since Confirmation*. Lutheran Church-Missouri Synod (2017). http://www.youthesource.com/wp-content/uploads/2018/04/Millennials-Congregation-Confirmation-Survey-Report.pdf.

Mitchell, Mike, y Walt Dohrn. «Trolls». 2016.

Montessori, Maria. *The Absorbent Mind*. Oxford, England: Clio Press, 1988.

———. *Education and Peace*. Traducido por Helen Lane. Chicago: Henry Regnery, 1972.

———. *The Secret of Childhood*. Traducido por Joseph Costelloe. Indiana: Fides Publishers, 1966.

———. *To Educate the Human Potential*. Madras, India: Kalakshetra Publications, 1955.

Murray, Douglas. *The Madness of Crowds: Race, Gender, and Identity*. New York: Bloomsbury, 2019.

O'Donnell, Erin. «The Risks of Homeschooling». *Harvard Magazine*, nro. mayo-junio 2020 (2020). Consultado el 6 de julio de 2020. https://www.harvardmagazine.com/2020/05/ right-now-risks-homeschooling.

Obama, Barak. «Remarks by the President at White House Science Fair». Comunicado de prensa, 2015, https://obamawhitehouse.archives.gov/the-press-office/2015/03/23/remarks-president-white-house-science-fair.

Pagels, Elaine. *Adam, Eve, and the Serpent*. New York: Random House, 1988.

Painter, Franklin Verzelius Newton. *Luther on Education*. St. Louis: Concordia Publishing House, 1928.

Pashler, Harold, Mark McDaniel, Doug Rohrer, y Robert Bjork. «Learning Styles: Concepts and Evidence». *Journal of the Association for Psychological Science* 9, n.° 3 (2008): pp. 105-119.

Pestalozzi, Johann Heinrich. *The Education of Man*. Traducido por William H. Kilpatrick. New York: Greenwood Press, 1969.

Pinzger, Gustav. *Valentin Friedland Trotzendorf Dargestellt. Mit Trotzendorfs Bildniss Und Facsimile Seiner Handschrift*. Hirschberg, 1825.

Plato. *The Republic*. Traducido por Benjamin Jowett. Mineola, New York: Dover, 2000.

Rousseau, Jean Jacques. *The Social Contract*. Traducido por Charles Frankel. New York: Hafner Publishing, 1947.

———. *Social Contract and Discourses*. New York: Dutton, 1913. https://www.bartleby.com/168/.

Sasse, Hermann. *Scripture and the Church: Select Essays of Hermann Sasse*. Editado por Ronald R. Feuerhahn y Jeffery J. Kloha. St. Louis, MO: Concordia Seminary, 1995.

Scaer, David P. «Doctrine of Election: A Lutheran Note». Cap. 9 en *Perspectives on Evangelical Theology*, editado por Stanley N. Gundry. Indiana: Baker, 1979.

Schaff, Philip, y Henry Wace. *A Select Library of Nicene and Post-Nicene Fathers of the Christian Church. Second Series*. 14 vols. Vol. II, New York: The Christian literature company; etc., 1890.

Sève, Lucien. «Where Is Marx in the Work and Thought of Vygotsky». 7e Seminaire International Vygotski, 20-22 juin 2018.

Shiraev, Eric. *A History of Psychology*. Washington: Sage, 2011.

Smail, William M. *Quintilian on Education: A Translation of Select Passage from the Institutio Oratoria*. New York, NY: Columbia Teacher College Press, 1938.

Smith, Katy. «New Roles, New Relationships». *Educational Leadership* 51, n.º 2 (1993).

Spencer, Herbert. *Essays on Education and Kindred Subjects*. Everyman's Library, ed. por Ernest Rhys Essays. London: J. M. Dent & Sons, 1916.

Spencer, Herbert. «The Importance of Science». En *Readings in the History of Education*, editado por Ellwood P. Cubberly, pp. 659-661. Chicago: Houghton Mifflin, 1920.

Toulmin, Stephen. «The Mozart of Psychology». Reseña literaria, *New York Times*, 28 de septiembre de 1979.

Vidal, Fernando. *Piaget before Piaget*. Cambridge, Mass: Harvard University Press, 1994.

Vonderau, J. C. «Liederpensum Für Die Schule». *Evangelisch-Lutherisches Schulblatt* 26, n.º 6 (junio 1891): pp. 171-177.

Vygotsky, L. S. «Educational Psychology». Florida: St. Lucie Press, 1926. https://www.marxists. org/archive/vygotsky/works/1926/educational-psychology/index.htm.

———. «The Socialist Alteration of Man». En *Vygotsky Reader*, editado por Rene van der Veer y Jaan Valsiner Blackwell, 1930. https://www.marxists.org/archive/vygotsky/works/1930/ socialism.htm.

Vygotsky, L. S., R. W. Rieber, David Kent Robinson, y Jerome S. Bruner. *The Essential Vygotsky*. New York: Kluwer Academic/Plenum Publishers, 2004.

Warde, W. F. «The Fate of Dewey's Theories». *International Socialist Review* 21, n.º 2 (1960): pp. 54-57, 61. https://www.marxists.org/archive/novack/works/1960/x04.htm.

Weor, Samael Aun. *Fundamentals of Gnostic Education*. Brooklyn NY: Glorian, 2013.

# Índice de textos bíblicos

Génesis
1:28 ................................................. 73
6-9 ................................................... 20

Éxodo
33:23 ............................................. 102

Salmos
51:3 ................................................. 65
51:5 ................................................. 66

Mateo
8 ...................................................... 43

Juan
17:3 ................................................. 61
18:37 ............................................... 94

Romanos
7:12 ............................................... 101
7:18-19 ............................................ 99
8:29 ................................................. 94
13:1 ................................................. 69

1 Corintios
1:25 ............................................... 102
1:27-28 .......................................... 102

Efesios
3:8-10 .............................................. 96
4:6 ......................................... 82, 117
4:29 ................................................. 63
5:27 ................................................. 70

Filipenses
4:8 ................................................... 35
4:8-9 ................................................ 98

Colosenses
2:8 ................................................. 129

Tito
2:1 ................................................... 74

1 Pedro
2:9 ................................................... 67
4:10 ............................................... 150

# Índice de materias

adoctrinamiento, 50, 52, 60, 75
afirmación positiva, 66
alma, 141 n43
*Another Brick in The Wall* (canción de Pink Floyd), 57
antiguas escuelas griegas
  ideales platónicos, 89, 97-100
  sobre la belleza, 91-93
  sobre la bondad/lo bueno, 90-91
  sobre la unidad, 95-97
  sobre la verdad, 93-95
  sobre los sentidos, 146n4
aprendizaje basado en actividades, 37
aprendizaje en manos del alumno (autodirigido), 135
aprendizaje independiente, 144n15
ateísmo, 147n14
autoestima, 66, 136
autogobierno, 50
autonomía, 50, 51, 52, 67, 75, 76, 143n7
autoridad
  bajo el marxismo, 30, 34-35
  colectiva/cooperativa, 30, 34
  de la Iglesia, 126, 150n13
  de los gobiernos, 71-72
  de los profesores, 134
  del yo, 82-83, 150n13
  educación liberal y, 51-52
  externa, 150n13
  intelectual, 29-30
  interna, 150n13
  lo bueno y la, 149n1
  pensamiento crítico y, 136
  rechazo de la, 69-70, 83
autoridades instituidas por Dios, 70
  estamento de la familia, 73-74
  estamento de la Iglesia, 70-71
  estamento del gobierno, 71-73
  rechazo de las, 60
  sobre las, 69-70
autorrealización, 12

balón prisionero (dodgeball), 147
bautismo, 66-67, 78-79, 98, 102
belleza
  antiguas escuelas griegas y la, 91-92, 97-98
  como algo subjetivo, 93
  educación progresista y, 93

en la educación cristiana, 89
Rousseau sobre, 49-50
sabiduría y, 65
teólogos sobre, 92-93
Vygotsky sobre, 33
bondad (lo bueno)
antiguas escuelas griegas y la, 90, 97-98
en la educación cristiana, 39
medición de la, 149n1
Rousseau sobre, 48-49, 50
sabiduría y, 65
Vygotsky sobre, 33

calificación, 148n20
*Camino de Santiago,* 150n13
canto bizantino, 153n18
canto de los Salmos, 153n18
canto gregoriano, 153n18
capitalismo
humanismo secular y, 26, 139n25
neomarxistas sobre, 36
Vygotsky sobre, 34
Carrera Espacial, 31
castigo corporal, 147n13
Catecismo de Heidelberg, 150n12
Catecismo menor, 73, 110
catequesis
adoctrinamiento y, 50
Bernardo sobre, 78
educación y, 78-79
en las escuelas cristianas, 148n25
Lutero sobre, 78
rechazo de, 74-80
ciencia
Bergson sobre, 41
Carrera Espacial y, 31
conocimiento y, 145n3
Dewey sobre, 29
fe y, 45

humanistas seculares sobre, 139n18
método Montessori, 37
Piaget sobre, 41, 43-44
verdad y, 153n21
ciencia social, 146n4
ciencias naturales, 20
ciencias, categorías clásicas de, 143n2
cientificismo, 61-62, 145n3
clase de religión
calificación, 148n20
como catequesis, 148n25
teología restringida a, 64, 130
Comunión anglicana, 150n12
comunismo
Dewey y, 29-30
Vygotsky y, 32
conocimiento
autoridad y, 134
ciencia y, 145n3
divisiones del, 116, 150n7
en el gnosticismo, 53
humanistas seculares sobre, 139n18
Piaget sobre, 40, 43
plan de estudios y, 135
religión y, 145n3
sentidos y, 146n4
teología y, 7
teoría ZDP y, 34
Weor sobre, 57
constructivismo social, 25, 35
contenido y métodos, 105-108, 136
coral, 114-115
credo de Atanasio, 95
credo de los Apóstoles, 29, 55
credos
de Atanasio, 95
de los Apóstoles, 29, 65, 108
en la educación secular, 55
*Mi credo pedagógico* (Dewey), 28, 30

# ÍNDICE DE MATERIAS

creencias personales, 20, 43
cristianismo
    Dewey sobre, 28-29
    Piaget sobre, 42
Cruzadas, 147n14
cultura popular
    doctrina gnóstica y, 53
    vulgaridad en, 21
currículo (plan de estudios)
    agenda teológica subyacente en la elección de, 12
    comparación de, 135
    currículos ocultos, 36
    desarrollo de, 27
    Montessori sobre, 39
currículo (plan de estudios) de la escuela cristiana, 119
    ciencias, 116-118
    historia, 119-121
    lenguaje, 109-113
    Montessori sobre, 37
    música, 113-115
    profesores y, 108-109
    unidad y, 95
currículos ocultos, 36

Darth Vader (personaje de ficción), 54
democracia estadounidense, 51
desarrollo del carácter, 136
Dios
    belleza y, 92-93
    conocimiento de, 67
    ira de, 13
    Leibniz sobre, 42
    Lutero sobre, 63-64
    Piaget sobre, 41-43
    rechazo de la creencia en, 28, 33
    Weor sobre, 57
dioses
    de la mitología romana, 145n2

    en el gnosticismo, 42, 43, 53
    Platón sobre, 64-65, 94
disciplina
    castigo corporal, 147n13
    del aprendizaje, 54
    espiritual, 84
    externa, 57
    ley y, 68
    profesores y, 147n13
«Discurso sobre las ciencias y las artes» (Rousseau), 48
diseño (divino), 149n1
diseño inteligente, 149n1
Disputa de Heidelberg, 101-102
divinidad, 38-39
dualismo, 41
dualismo cartesiano, 41

educación
    enfoque cristiano de la, xiii
    Froebel sobre, 24
    hasta el siglo XIX, 22-23
    Ilustración y, 23-24
    materias en, 96
    Pestalozzi sobre, 23
    Spencer sobre, 24-25
    teología y, xiii, 19
educación a cargo del gobierno
    educación liberal y, 50-51, 52
    escuelas cristianas y, 72, 129-130
educación clásica
    educación gnóstica sobre, 57-58
    Montessori sobre plan de estudios para, 39
    Piaget sobre, 43
    rechazo de, 33, 34
educación clásica en artes liberales, 48, 84

educación cristiana clásica
    comparación (con educación liberal), 133-136
    educación progresista y, 30-31
educación de la primera infancia, 24
*Educación fundamental* (Weor), 56-57
educación liberal
    autonomía y, 50-52, 143n8
    comparación (con educación cristiana clásica), 133-136
    educación gnóstica y, 60
    gnosticismo, 52-58
    influencia alemana en, 145n1
    pensamiento crítico, 47-52
    Rousseau y, 49-50
educación Montessori, 37
educación progresista
    belleza y, 92-93
    comparada, 133-135
    comunismo y, 29-30
    definida, 27
    Dewey y, 26
    educación cristiana clásica y, 30-31
    *El manifiesto humanista* (1933) y, 26
    *Mi credo pedagógico* (Dewey), 28
    sobre el proceso de enseñanza, 26
educación secular
    credos en, 55-56
    desarrollo de la fe, 77
    educadores/pedagogos cristianos y, 45
    facultades de pedagogía, 12
educadores o pedagogos cristianos
    formación de, 123-128
    ideas de Piaget y, 44-45
    respuesta de, 61
    sobre el aprendizaje independiente, 144n15

    teoría educativa contemporánea y, 46
    teorías educativas y, 14
efectos de las teorías educativas
    daño a la Iglesia, 83-84
    daño a la sociedad, 84-86
    daño a las personas, 81-83
*El contrato social* (Rousseau), 48
*El origen de las especies* (Darwin), 24
elitismo
    Dewey sobre, 28
    educación progresista y, 31
    neomarxistas y, 36
    Vygotsky sobre, 49
*Emilio* (Rousseau), 49
emociones, 96-97
empoderamiento, 66, 75
enfoque pitagórico de la música, 153n14
eones, 42, 53
epistemología genética, 40
escolarización o educación en casa, 51
Escritura
    educación y, 14
    filosofía educativa cristiana y, 14, 15
    Lutero sobre, 62-63
    Montessori sobre, 38
    Piaget sobre, 44
    pietismo y, 59
    racionalismo y, 59
    revelación de verdad y sabiduría en, 62
    Sabatier sobre, 41
    teología y, 14
    verdad y, 142n1, 153n21
escuelas cristianas
    aprender sobre el pecado en, 68-69
    Feinberg sobre, 51
    Levinson sobre, 50, 51

ÍNDICE DE MATERIAS

plan de estudios (currículo) de, 108-121
esperanza, 140n32
estilos de aprendizaje, 152n4
estructura
   belleza y, 92-93
   en la creación, 64-65
   vista como opresiva, 58
estudiantes de pedagogía, 11, 12, 31, 147n11, 151n3
ética
   bondad (lo bueno) como, 90, 117
   cientificismo y, 145n3
   del humanismo secular, 31
   teología y, 89
evangelio
   lente de, 13-15
   ley y, 148n20
evolución
   Bergson sobre, 41
   Dewey y, 26, 28
   educación y, 24-25
   Montessori y, 38-39
   Piaget y, 41, 44
   Übermensch (superhombre), 140n32
evolución social
   educación y, 24-25
   El manifiesto humanista y, 27
   Vygotsky y, 32
exposición, 141n41

facultades cristianas (de educación), 13
facultades de educación
   canon estándar de pensadores y, 19
   deseo de atraer a más estudiantes, 13
   financiación del gobierno, 20
   gnosticismo y, 54
   influencia de Piaget sobre, 60

fe
   desarrollo de la, 77
   en la teología clásica, 77
   Fowler sobre, 45
feminismo radical, 144n12
*fides qua creditur,* 77
*fides quae creditur,* 77
filosofía
   categorías clásicas de, 143n2
   filosofía educativa cristiana y, 14
   gnosticismo y, 53
   papel en la educación, 151n16
   poesía y, 146n6
   sentidos y, 146n4
filosofía de la educación, gnosticismo y, 52-58
financiación del gobierno
   para investigaciones, 148n15
   subvención para programas universitarios, 14

*gnosis,* 53
*Gnostic America* (Burfeind), 55
gnósticos, 37-45, 144n12
gracia, 150n8
Guerra Fría, 31

*Harry Potter* (serie de películas), 53
herejías, 52
héroes, 145
himnos, 71, 108, 114-115, 153n18
humanismo secular
   Dewey y, 26-31
   premisas teológicas de Dewey, 25
humanistas, 154n28
humanistas seculares, 138n15
   atrocidades y, 147n14
   sobre el capitalismo, 139n25
   sobre el conocimiento, 139n18
   sobre el individualismo, 139n25

sobre el materialismo, 139n25
sobre la ciencia, 135n18

ideales platónicos, 98
ideas teológicas
  de Dewey, 25, 28
  de Montessori, 25, 37-39, 39
  de Piaget, 25, 40-44
  de Vygotsky, 25, 32-33
  efectos en teorías educativas, 25-26
  sesgo teológico de los pedagogos, 21
Iglesia
  autoridad de, 126, 150n13
  como élite gobernante, 33
  educación e, 23
Iglesia católica romana
  afiliación de Montessori con, 37-38, 141n42
  música sagrada de, 153n18
Iglesia evangélica luterana
  música sagrada de, 153n18
  reformadores sobre la teología de, 23
  sobre la Escritura, 13
  sobre los ideales platónicos, 98-99
Iglesia ortodoxa oriental, 153n18
Iglesia reformada
  música sagrada de, 153n18
  Piaget e, 41
ignorancia, 142n1
Ilustración (o Siglo de las Luces)
  Dewey sobre, 28
  Montessori e, 38
  objetivos de, 97
  pecado original e, 66, 67
  pedagogos y, 23-26
  pensamiento crítico y, 48
  Pestalozzi e, 60
  Revolución francesa y, 143n7
  teología e, 117

término inapropiado, 142n1, 154n22
impulsos naturales, 49, 143n7
individualismo
  Dewey sobre, 26-29
  humanistas seculares sobre, 139n25
ingeniería social, 51
Inquisición española, 147n14
instrucción, 134
interés natural, 141n41
investigación
  investigación empírica, 59, 61
  supuestos sobre, 19-20
investigación empírica, 61-62
ira de Dios, 14, 150n12

jenízaros, 129
Jesucristo
  ciencia como dominio de, 118
  evangelio y, 14
  Verdad y, 93-94
juegos, 12, 66
justicia medioambiental, 36
justicia social, 100

Kindergarten, 24

*La evolución creadora* (Bergson), 41
*La guerra de las galaxias* (serie de películas), 53, 54
latín
  importancia de aprender, 152n12
  rechazo del, 34
lenguas (idiomas), 141n41
leninismo, 35-36
ley
  adoctrinamiento y, 76-77
  autonomía a expensas de, 67
  como guía, 68
  evangelio y, 148n20

lente de, 13-14
normas y, 101
libertad
    educación liberal sobre, 50-51
    Weor sobre, 57
Libro de la Concordia, 150n12
licencias estatales, 13
*Liederpensum*, 114, 153n19
Lucifer, 53
Luke Skywalker (personaje de ficción), 54

*Manifiesto humanista* (1933), 26
marxismo
    educación liberal y, 60
    influencia alemana en la educación marxista, 145n1
    introducción de, 141n37
    neomarxistas, 36, 106, 109-111, 113
    psicología de, 32-33
    religión y, 140n32
    sobre la esperanza, 140n32
    sobre los gobiernos, 71-72
    Vygotsky y, 25, 31-37
marxistas, 31-37
    crítica radical por, 139n25
    de las ideas pedagógicas de Dewey, 135n25
    pedagogos, 32
    teoría vygotskiana, 140n27
matemáticas
    ciencias y, 116
    música y, 153n14
    verdad y, 153n21
materialismo, 139n25
materias (asignaturas)
    en la educación contemporánea, 95-96, 135-136
    en la educación cristiana clásica, 135-136
*Matrix* (serie de películas), 53-54
Mazda Miata (analogía), 149n2
memoria, 152n5
memorización
    críticas a, 152n4
Mentalidad de Crecimiento, 20
«Metafísica» (Aristóteles), 149n5
métodos de enseñanza (metodología), 61
*Mi credo pedagógico* (Dewey), 28-30
*Mind in Society* (Vygotsky), 36
misión de la Iglesia, 14, 23
misticismo, 42, 44
mito, 144n12
*Molly Brawn* (Hungerford), 92
Mónada, 42, 53
moral
    como construcción elitista, 36
    Vygotsky sobre, 33-34
moral burguesa, 33
moral colectiva, 35
moral cristiana, 33-34
Morfeo (personaje de ficción), 54
Movimiento de los Boy Scouts, 138n12
movimiento de educación clásica, 130
música sagrada, 153n18
música, 113-115, 153n14. *Ver también* himnos, música sagrada

naturaleza de la verdad, 86, 93, 134. *Véase también* verdad
naturaleza del niño, 133
naturaleza humana, 32, 39, 99, 100
negar la existencia de lo divino, 26
Neo (personaje de ficción), 54
neomarxistas, 36, 66, 106, 112
neoplatónicos, 99
niño completo, enfoque del, 136

*No Citizen Left Behind*, 143n9
normas o estándares
    Belleza, 89, 91-93
    Bondad, 89, 90-91
    sobre, 89
    Unidad, 89, 95-97
    uso incorrecto de, 97-103
    Verdad, 89, 93-95

objetivos, 134
orden
    considerado opresivo, 58
    subyacente al universo, 146n9

padres
    Bartholet sobre, 51-52
    estamento de la familia, 73-74
    Levinson sobre, 50-51
    respuesta de, 61
    Weor sobre, 57
pastores
    respuesta de, 61
    Teoría del desarrollo de la fe y, 45
    teoría educativa contemporánea y, 46
patrimonio educativo cristiano, recuperación de, 86
pecado original
    Comunión anglicana sobre, 150n12
    gnósticos y, 144n12
    Montessori sobre, 38, 40
    Piaget sobre, 42
    rechazo de, 60, 65-69
pecado. *Véase también* pecado original
    aprender sobre, 68
    bautismo y, 67-68
    en el gnosticismo, 53
    estamento del gobierno y, 71
    la Escritura sobre, 13
    naturaleza del niño y, 133
    perdón de, 67-68, 70
pedagogía emancipadora, 36
pedagogía liberadora, 36
pedagogos
    alemanes,
    bondad y,
    creencias personales de,
    en el siglo XX,
    sesgo teológico de,
pedagogos estadounidenses
    influencia de Piaget sobre,
    pedagogos alemanes y,
    Vygotsky y,
pensamiento crítico, 36, 47, 48, 50, 136
*Pensamiento y lenguaje* (Vygotsky), 35
peregrinaciones, 150n13
persecuciones en el siglo XX, 147n14
pietismo, 59, 60
Pink Floyd, 57
pléroma, 53, 56
poesía, 146n6
Prefacio al Catecismo mayor, 77, 79
profesores o maestros
    como encargados de imponer disciplina, 147n13
    comparación, 134
    desarrollo de plan de estudios por, 57
    licencias estatales, 13
    método Montessori, 37
    Montessori sobre, 39
    papel en la educación cristiana clásica, 134
    papel en la educación liberal, 134
    papel en la educación progresista, 31
    papel principal de, 12
    Piaget sobre, 40, 44, 74

ÍNDICE DE MATERIAS

Teoría del desarrollo de la fe y, 45, 76-77
teoría educativa contemporánea, 46
teoría ZDP y, 34
Waters sobre, 58
Weor sobre, 57
protocolos de tratamiento
    contenido y métodos, 105-108
    currículo o plan de estudios de la escuela cristiana, 108-121
psicología
    del marxismo, 32-33
    educación y, 24-25
    fe y, 45
    filosofía educativa cristiana, 13
    investigación en, 20
    Piaget y, 44
    Sabatier sobre, 41
    teología y, 24-25
    teoría vygotskiana, 25, 31

Quadrivium, 116

racionalismo, 59-61
Ramón (personaje de ficción), 54
rechazo del matrimonio, 144n12
rectitud cívica, 67
redención, 38
Reforma, 112, 146n6
reformadores, sobre la educación, 23
relativismo, 136
religión. *Véase también* cristianismo
    conocimiento y, 145n3
    Dewey sobre, 27-31
    marxismo y, 140n32
    Piaget sobre, 41
    Rousseau sobre, 49
Renacimiento, 48
*República* (Platón), 61, 97, 145n2
resultados, 12, 22, 25, 106, 126

revelación
    la Escritura como, 13
    rechazo de la verdad dada por, 25, 61-65
Revolución comunista, 32
Revolución francesa, 143n7

sabiduría
    como objetivo, 134
    descubrimiento de, 64-65
    en la cultura popular, 54
    en la Escritura, 62
    Piaget sobre, 43
    Rousseau sobre, 49
salvación
    cientificismo y, 145n3
    educación liberal sobre, 51
    gnosticismo sobre, 39
    Montessori sobre, 38
sentidos, 146n4
*Sermón sobre el envío de los niños a la escuela* (Lutero), 72
sistemas de creencias
    educación progresista y, 27-28
    Levinson sobre, 50-51
    modelos educativos y, 21
«Sobre el copo de nieve de seis puntas» (Kepler), 65
«Sobre la doctrina cristiana» (Agustín), 23
socialismo, 35
sociología
    filosofía educativa cristiana y, 13
    investigación en, 20
Sofía (figura mítica), 53
Sr. Spock (personaje de ficción), 97
*Stages of Faith* (Fowler), 45
*Star Trek* (serie de TV), 97
STEM (campos de la educación), 152n12

teología
    ciencias y, 116-118
    como filosofía divina, 143n2
    conocimiento y, 19
    educación y, 13, 19, 64
    en las antiguas escuelas griegas, 89
    psicología y, 24-25
    rechazo de, 34
    teorías educativas y, 12
    verdad y, 153n21
teólogos
    ideas de Piaget y, 44-45
    sobre la belleza, 92-93
    sobre la educación, 13
teoría del desarrollo cognitivo de Piaget, 43
Teoría del desarrollo de la fe, 45
teoría del desarrollo infantil, 10
teoría del materialismo dialéctico, 33
teoría educativa contemporánea, 15
pedagogos cristianos y, 21, 23, 127
teorías educativas. *Véase también* efectos de las teorías educativas
    base de, 12
    de los pensadores educativos cristianos, 13
    efectos de los enfoques educativos experimentales, 147n12
    gnosticismo y, 53
    Rousseau y, 49-50
    sistemas de creencias y, 25-26
    teología y, 12-13
tesis, 75
*The Madness of Crowds* (Murray), 106
*Theologia Germanica*, 100
*A los concejales de todas las ciudades de Alemania* (Luther), 120
*Tolkien* (película), 109
Treinta y nueve artículos de religión, 150n12

Trinidad, 62, 95
Trivium, 116
*Trolls* (película de animación), 54

Übermensch (superhombre), 140n32
unidad, 89, 95-97
Unión Soviética, 29, 32

valores
    Levinson sobre, 50-51
    Weor sobre, 57
Verdad
    antiguas escuelas griegas sobre, 93, 97-98
    Benedicto XVI sobre, 95
    cientificismo sobre, 61-62
    en la cultura popular, 54
    en la educación cristiana, 89
    en la Escritura, 62-63
    Fowler sobre, 45
    gnosticismo y, 144n10
    Ilustración y, 142n1
    Levinson sobre, 50-51
    Lutero sobre, 62-63
    naturaleza de, 134
    Piaget sobre, 43
    rechazo de la verdad dada por revelación, 25, 60, 61-65
    Rousseau sobre, 48-49, 50
    sabiduría y, 64-65
    Vygotsky sobre, 33
vygotskiana, teoría, 35. *Véase también* zonas de desarrollo próximo (ZDP)

Waldorf (escuelas), 138n12

Yaldabaoth (figura mítica), 53

zonas de desarrollo próximo (ZDP), 34. *Véase también* vygotskiana, teoría

www.ingramcontent.com/pod-product-compliance
Lightning Source LLC
Chambersburg PA
CBHW020052170426
43199CB00009B/263